研究魏晋学术思想的重要参考书

人物志

精读本

李慧敏·编

民主与建设出版社
·北京·

©民主与建设出版社，2018

图书在版编目（CIP）数据

人物志：精读本 / 李慧敏编．—北京：民主与建设出版社，2018.5
ISBN 978-7-5139-2112-1

Ⅰ．①人… Ⅱ．①李… Ⅲ．①人物志—中国—三国时代 ②人才学—中国—三国时代 ③《人物志》—研究 Ⅳ．① C96-092

中国版本图书馆 CIP 数据核字（2018）第 072154 号

人物志：精读本
RENWUZHIJINGDUBEN

出 版 人	李声笑
编　　者	李慧敏
责任编辑	王　颂
封面设计	荣景苑
出版发行	民主与建设出版社有限责任公司
电　　话	（010）59417747　59419778
社　　址	北京市海淀区西三环中路 10 号望海楼 E 座 7 层
邮　　编	100142
印　　刷	永清县晔盛亚胶印有限公司
版　　次	2019 年 8 月第 1 版
印　　次	2024 年 5 月第 2 次印刷
开　　本	710 毫米 × 1000 毫米　1/16
印　　张	12
字　　数	108 千字
书　　号	ISBN 978-7-5139-2112-1
定　　价	48.00 元

注：如有印、装质量问题，请与出版社联系。

目　录

第一章	自序……………………………………	1
第二章	九徵……………………………………	9
第三章	体别……………………………………	27
第四章	流业……………………………………	41
第五章	才理……………………………………	55
第六章	才能……………………………………	75
第七章	利害……………………………………	87
第八章	接识……………………………………	95
第九章	英雄……………………………………	105
第十章	八观……………………………………	113
第十一章	七缪…………………………………	143
第十一章	敏唯…………………………………	163
第十三章	释争…………………………………	173

第一章

自序

人物志

【原文】

夫圣贤之所美①,莫美乎聪明②;聪明之所贵,莫贵乎知人③。知人诚④智,则众材得其序⑤,而庶绩⑥之业兴矣。

是以,圣人著爻象⑦,则立君子小人之辞,叙《诗》志⑧,则别风俗雅正⑨之业,制《礼》《乐》⑩,则考六艺祗庸之德⑪,躬南面⑫,则授俊逸辅相之材,皆所以达众善而成天功也。

天功既成,则并受名誉。是以,尧以克明俊德为称,舜以登庸二八为功⑬,汤以拔有莘之贤为名⑭,文王以举渭滨之叟为贵⑮。由此论之,圣人兴德,孰不劳聪明于求人,获安逸于任使者哉!

【注释】

①美:喜爱,称赞。

②聪明:明智聪察或阐见明辨。《淮南子·修务》:"谓一人聪明而不足以遍照海内,故立三公九卿辅翼之"。此处有智慧的意思。

③知人:了解人,认识人才。

④诚:如果。

⑤序:次序,顺序。

⑥庶绩:各种事功,政绩。

⑦爻象:爻是《易》中组成卦的符号。《易》以六爻相交成象。爻指物之变动,象指物之形象。

⑧诗志:志,意思也。诗言志。《毛诗序》:"诗者是其志也"。

⑨风俗雅正:风雅,指《诗经》中的国风与大、小雅,即民歌与雅乐。此指文章教化。

人物志

⑩礼乐：礼与乐的合称。此指周代的礼仪，传为周公所定。

⑪六艺：礼、乐、射、御、书、数六种科目。汉以后也指儒家的六经：《诗》《书》《礼》《易》《乐》《春秋》。祗（zhī）庸：恭敬而守恒常之道。祗，敬；庸，有常。

⑫躬南面：亲临帝位。古代帝王之位南向，故称。

⑬尧、舜：传说中的上古帝王。克明俊德：克，能；《尚书·尧典》："克明俊德，以亲九族"；孔安国云："能明用俊德之士"。称，颂扬。登庸：举用。庸，用。二八：高阳氏有子八人，谓"八恺"（苍舒、隤敳、梼戭、大临、龙降、庭坚、仲容、叔达）。

⑭汤：成汤，商代开国之君，契之后代，子姓，名履，又称天乙。有莘之贤：指伊尹，商汤臣，原是汤妻有莘氏之女的陪嫁奴隶，汤举任以国政，被尊为阿衡（宰相）。

人物志

⑮文王：周文王，姓姬名昌，曾被商纣囚于羑里，后获释，为西方诸侯之长，称西伯。渭滨之叟：指吕尚，姜姓。吕尚钓于渭滨，周文王出猎相遇，与语大悦，同载而归，对人说："吾太公望子久矣！"故号为太公望，立为师。

【译文】

圣贤之所以受到人们的爱戴，是因为他们身上有许多的优点。而在这些优点之中，明辨是非是重点。明辨是非之所以被认为是可贵的，能够识别人才是重要的原因之一。识别人才，如果能认识到他们的智慧，那么就可以按照他们各自的长处，把人才放到适合的位置。这样，不论做什么事业，都能够很快地兴盛和发达起来。

所以，圣人发明"爻"和"象"，用来概括世间万物的变化和形态。以分辨君子和小人的言辞。阐述《诗经》中的内在含义，把通俗和高雅的事业区分开来。制定出《礼》《乐》等六艺，来给出一个基本的道德标准。如果杰出的人才，想要面南背北称王，就要有才能出众的人出来辅佐。把他们的才能发挥出来，就能够成就一番大的事业。

大的事业成就之后，不论是君还是臣，都会有很高的声誉。所以，尧因为能够识别和运用人才舜，而受到人们的赞扬；舜因为能够举用高阳氏的八个儿子，而受到人们的颂扬；商汤因为能够选拔出伊尹，而受到人们的歌颂；周文王因为荐举出吕望，而将其事迹流芳百世。由此可以看出来，杰出的人物，要想成就一番大的事业，怎么能够不去识别和运用人才，并把自己的大业，让他托付的人才来辅佐呢！

人物志

【事典】

孟子的识人之术

有一次，齐宣王问孟子："我要如何去辨别一个臣子没有才能，而后把他替换掉呢？"

孟子说："王要选拔贤人，就是要把卑贱的人提升到尊贵的位置上，把疏远的人提升到新近的人之上，这时候一定要谨慎。所以，亲近的人说是好的，您不能轻信；大夫们说是好的，您也不能轻信；全国的人都说好的，您要了解一下其是不是真的有才能，然后再去任用他。亲近的人说是不好的，您不能轻信；大夫们说是不好的，您也不能轻信；全国的人都说是不好的，您要了解一下其是不是真的没有才能，然后再去罢免他。亲近的人说某个人应该杀，您不能轻信；大夫们说某个人应该杀，您也不能轻信；全国的人都说某个人应该杀，您要了解一下其是不是真的应该杀，如果他真的应该杀，再把他杀掉。只有这样，才能做好百姓们的父母，他们才会拥护您。"

紧接着孟子又说："虞国因为不用百里奚，是最终导致其走向灭亡的原因之一；秦穆公重用了百里奚，这是其称霸的原因之一。不任用贤能的人，就会导致灭国之害，即使要寻得一个生存的空间也没了。"

【原文】

是故，仲尼不试①，无所援升，犹序门人以为四科②，泛论众才以辨三等③。又叹中庸④，以殊圣人之德，尚德以劝庶几之论⑤。训六蔽⑥，以戒偏才之失，思狂狷⑦以通拘抗⑧之才；疾悾

悾而信⑨，以明为似⑩之难保。又曰：察其所安，观其所由，以知居止之行⑪。人物之察也，如此其详。是以敢依圣训，志序人物，庶以补缀遗忘⑫；惟博识君子，裁览其义焉。

【注释】

①不试：不见用。《史记·孔子世家》："牢曰'子云：不试，故艺'。"

②犹：还，尚且。序：按次序排列。门人：弟子。四科：指德行、言语、政事、文学孔门四科。《论证·先进》："德行：颜渊、闵子骞、冉伯牛、仲弓。言语：宰我、子贡。政事：冉有、季路。文学：子游、子夏。"

③三等：指生而知之、学而知之、困而学之。《论语·季氏》："孔子曰：生而知之者上也；学而知之者次也；困而学之，又其次也；困而不学，民斯为下矣"。

④中庸：孔子的最高道德标准。中，折中；庸，平常。《论语·雍也》："子曰：中庸之为德也，其至矣乎！民鲜文矣"。

⑤劝：勉励。庶几（jī）：指好学而可以成才的人。几：微。《易·系辞下》："颜氏之子，其殆庶几乎"。《正义》："言圣人知几，颜子（颜渊）亚圣，未能知几，但殆近庶慕而已"。

⑥训：解说。六蔽：六种弊端。《论语·阳货》："好仁不好学，其蔽也愚；好知不好学，其蔽也荡；好信不好学，其蔽也贼；好直不好学，其蔽也绞；好勇不好学，其蔽也乱，好刚不好学，其蔽也狂"。

⑦狂狷：激进和保守。《论语·子路》："子曰：不得中行而与之，必也狂狷乎！狂者进取，狷者有所不为也"，二者

皆偏于一面，泛指偏激。

⑧拘抗：拘谨与奋发。

⑨悾悾（kōng）：形容诚恳。《论语·泰伯》："子曰：狂而不直，侗而不愿，悾悾而不信，吾不知之矣"。

⑩为似：即为伪似，貌似忠厚。

⑪《论语·为政》："视其所以，观其所由，察其所安，人焉廋哉？"

⑫庶：副语，表示希望。补缀：修补连缀，辑集。

【译文】

所以，孔丘虽然没有被举用，仕途上没有得到升迁，但他仍开门收徒，并分出德行、言语、政事、文学四个科目。根据弟子各自的才能，因材施教。以赞叹中庸之道的难得，用来展示圣人的道德。以崇尚道德的指导，用来勉励好学而有可能成才的人。解说六种弊端，以戒除偏科人才的不足之处。指出"狂"和"狷"的偏失之处，以正确的引导有激进和保守方面倾向的人才。憎恶诚恳却不讲信用，以告诫人们表面看起来忠厚，却不讲信用的人，是不能信任和托付事情的。又指出，应该观察一个人的生活习惯，观察他所遵循的原则。圣人对人才的考查，从不同的角度，去全面的观察，以了解人才的全面情况。所以我斗胆按照圣人的教诲，去研究识别人才的理论，并把它系统化，有漏洞的地方补上。而后，让有学识的君子阅读，以体味识别人才的内在深义。

【事典】

韩非子的识人之术

对于怎么识别人才,韩非子有着自己的见解。

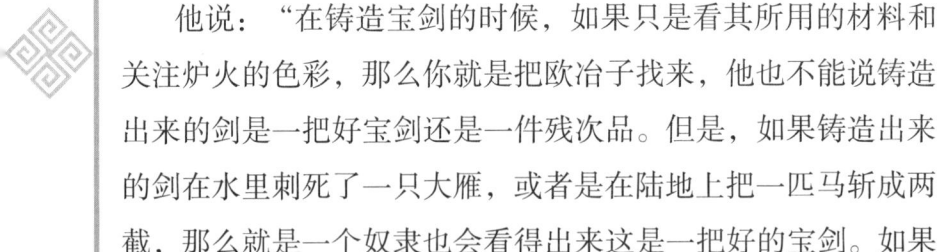

他说:"在铸造宝剑的时候,如果只是看其所用的材料和关注炉火的色彩,那么你就是把欧冶子找来,他也不能说铸造出来的剑是一把好宝剑还是一件残次品。但是,如果铸造出来的剑在水里刺死了一只大雁,或者是在陆地上把一匹马斩成两截,那么就是一个奴隶也会看得出来这是一把好的宝剑。如果只是看了看马的牙和其外形,就是你把伯乐找来,他也没有办法判断,这是不是千里马。但是,如果给马套上笼头,让它跑上一程,就是奴隶也能看得出来,其是一匹怎么样的马。如果只是看一个人的外貌,听他说话,就是把孔子找过来,他也不能说出,这个人是不是一个有才能的人。但是,如果给他一个官做,看看他在任上的作为,就是一个奴隶也能看得出来,他是不是一个真正的人才。因此,国君任用官吏,宰相一定要是从地方官中选出来的;将军一定要是从下层军官中选出来的。"

第二章

九徵

人物志

【原文】

盖人物之本①，出乎情性。情性之理，甚微而玄；非圣人之察，其孰能究之哉？

凡有血气者，莫不含元一以为质②，禀阴阳③以立性，体五行而著形④。苟有形质⑤，犹可即而求之。

凡人之质量，中和最贵矣⑥。中和之质，必平淡无味；故能调成五才，变化应节⑦。是故，观人察质，必先察其平淡，而后求其聪明。

聪明者，阴阳之精。阴阳清和，则中叡外明；圣人淳耀，能兼二美⑧。知微知章⑨，自非圣人，莫能两遂。故明白之士，达动之机，而暗于玄虑；玄虑之人，识静之原⑩，而困于速捷。犹火日外照，不能内见；金水内映，不能外光。二者之义，盖阴阳之别也。

【注释】

①本：事物的根基或主体。

②血气：血液和气息，借指生命。元一：万物唯一的本源，即原始，亦曰太一。

③阴阳：古人对天地万物化生规律的解释，凡天地、日月、昼夜、男女，以至腑脏、气血皆分属阴阳。这里指阴阳之气。

④体：包含，容纳。五行：金、木、水、火、土五种构成各种物质的元素。

⑤形质：外形和内质。

⑥质量：即素质。中和：中正平和，适中。儒家认为"致中和"是人物性格和修养的最高境界。

⑦五才：指五行。亦指勇、智、仁、信、忠五种才德。应节：顺应客观规律。

⑧淳耀：内在淳朴，外显辉耀（聪明）。二美：指平淡与聪明。

⑨章：同"彰"，显明。

⑩原：根本，道理。

【译文】

一个人物的本质，是通过其情性来表现的。提到关于情性的道理，这里面有很多微妙而深奥的内涵。如果没有圣人的洞察力，一般人又有谁能研究清楚其中的玄妙呢？但凡是有血液和气息的生命体，没有一个不把天地万物的元气作为其本质。秉承阴阳之气，以树立起根本，包含金、木、水、火、土五种元素而构成形体。如果具备了外形和内质，就可以研究其本性。

但凡是人的素质，当以中正平和最为珍贵。中和的素质，一定是淡然无味的。因此才能使人的体内容纳金、木、水、火、土，五才协调，并且使其变化无碍顺应规律。所以，要观察一个人的素质，一定要先观察他是不是平淡，而后再看他是不是聪明。

所说的聪明，就是能采集天地阴阳的精华。一个人要是能够做到，对于阴阳的协调清和，那么他就会是一个内有睿智，外能明达的人。圣人之所以称为圣人，是因为他能够做到淳朴于内，而聪明于外，能够同时具备平淡和聪明。了解事物的内涵和外表，不是圣人是做不到两全其美的。因此那些表面上精明强干的人，他们明白随机应变的道理，但是缺乏深谋远虑。而那些能深谋远虑的人，他们能够平和地认识到事物内在的道理，但是不能够做到随机应变。这就像火日生辉，表面上光彩

人物志

照人，明焰外射，但是我们却看不到它的里面。金水相生荧光内映，却不能够外照。这两者的不同，正是阴和阳的区别所在。

【事典】

生不逢时的颜驷

有一次，汉武帝出宫巡视，到郎署的时候，看到一个白发苍苍、衣冠不整的老人，武帝就问他："你叫什么名字，在这里为郎多长时间了呢？"

老人回答说："微臣名字叫颜驷，从文帝的时候开始，就在这里做郎，已经历经三世了。"

武帝感觉奇怪，就问他说："你都这么大岁数了，为什么还在这里做郎呢？难道就没有一个能升迁的机遇吗？"

颜驷苦涩的说："文帝在位的时候，用文来治国，可是臣是一个爱好武功的人；景帝在位的时候，喜欢年老的官员，而臣那时候正当年轻；皇上您喜欢年少的臣子，可是现在臣已经老了。所以，臣虽然历经了三世，而都没有遇到晋升的机会，所以就一直在这里做郎了。"

人物志

假如汉文帝爱好会武功的臣子；汉景帝爱好年少的臣子；汉武帝爱好年老的臣子；那么颜驷的人生，一定是另外的一种情况。从颜驷的这个例子上，我们可以看得出来，在那个年代，帝王个人的爱好，对于人才的任用来说，也有深刻的影响。

【原文】

若量其才质，稽诸五物①；五物之徵，亦各着于厥体矣②。其在体也：木骨、金筋、火气、土肌、水血，五物之象也。五物之实，各有所济③。是故：

骨植而柔者，谓之弘毅④；弘毅也者，仁之质也。

气清而朗者，谓之文理⑤；文理也者，礼之本也。

体端而实者，谓之贞固⑥；贞固也者，信之基也。

筋劲而精者，谓之勇敢；勇敢也者，义之决也。

色平而畅者，谓之通微；通微也者，智之原也。

五质恒性，故谓之五常矣。

【注释】

①稽：考核、考查。五物：指五行。

②徵：徵象。厥体：具体。

③济：成就，利用，接济。

④骨植：形容骨骼挺立。植：树立。弘毅：刚毅而有毅力。

⑤文理：区别等级的礼文仪节。

⑥贞固：坚贞不移。

【译文】

如果要衡量一个人的才能和素质，用五行去考查他。五行的徵象也能够体现一个人的素质，其不同的体质，可以用五行

中不同的元素来反映。五行表现在人的体内：木为骨，金为筋，火为气，土为肌，水为血。这样用五行和人体相结合，人体也可以形成五种徵象。人体所具备的金、木、水、火、土五种徵象，各自有各自的成就。

所以，但凡一个人的骨骼坚直而柔韧，这样的骨骼被称之为"刚毅而有毅力"，"刚毅而有毅力"是"仁"的本质；但凡一个人气质清新而明朗，这样的气质被称之为"礼文仪节"，"礼文仪节"是"礼"的根本；但凡一个人体性端正而结实，这样的体性被称之为"坚贞不移"，"坚贞不移"是"信"的基础；但凡一个的筋腱强劲而精健，这样的筋腱，被称之为"勇武果断"，"勇武果断"是"义"的决断；但凡一个人的血色平各而通畅，这样的血色被称之为"通微知著"，"通微知著"是"智"的本源。

由上述五种体质形成五种恒定的性分，所以被人们称为五常。即是"仁、礼、信、义、智"。

【事典】

卫王眼中的"弥子瑕"

战国的时候，卫国有一个人叫做弥子瑕，因为他长得很美，所以得到了卫王的宠爱，让他做了一个近身的侍臣。

有一次，弥子瑕的母亲生病了，他就偷偷驾卫王的马车回家看望他的母亲。按照当时卫国的法律，偷偷驾着王的马车出宫，应该受到割双腿的刑罚。可是，因为卫王很宠爱弥子瑕，所以卫王并没有按法律惩罚弥子瑕，反而对他说："弥子瑕真

人物志

是一个孝子啊！为了为母亲看病，竟然不怕刑罚。"这件事就这样过去了。

还有一次，弥子瑕和卫王一起去游园，弥子瑕把自己吃了一半的桃子，献给卫王吃。卫王高兴地说："弥子瑕真是喜爱我呀！知道把好吃的桃子献给本王我吃。"

过了许多年之后，弥子瑕没有年轻时候的潇洒风貌，卫王就不喜欢他了。有一次弥子瑕得罪了卫王，卫王就想把他罢免了。于是，卫王就气愤地说："弥子瑕对本王不敬，曾经偷偷驾本王的马车出宫；还把他吃剩的桃子给本王吃。实在是罪不可赦，念你追随了本王这么多年，本王是一个慈爱的君王，就不治你的罪，你出宫去吧！"

【原文】

五常之别，列为五德。是故：

温直而扰毅①，木之德也。

刚塞而弘毅，金之德也。

愿恭②而理敬，水之德也。

宽栗③而柔立，土之德也。

简畅而明砭④，火之德也。

虽体变无穷，犹依乎五质。故其刚柔、明畅、贞固之徵，着乎形容，见乎声色，发乎情味，各如其象⑤。

故心质亮直，其仪劲固；心质休决⑥，其仪进猛；心质平理，其仪安闲。夫仪动成容，各有态度：直容之动，矫矫行行⑦；休容之动，业业跄跄⑧；德容之动，颙颙卬卬⑨。夫容之动作，发乎心气⑩；心气之徵，则声变是也。夫气合成声，声应律吕⑪：

有和平之声，有清畅之声，有回衍⑫之声。夫声畅于气，则实存貌色，故诚仁，必有温柔之色；诚勇，必有矜奋⑬之色；诚智，必有明达之色。

【注释】

①扰毅：和顺果决之意。扰：驯服。

②愿恭：谨慎恭敬。

③宽栗：容缓结实。

④明砭（biān）：明识砭割。砭：原指以石针刺病。也借喻忍痛去恶。或以为二字有误，可见文宽夫题记。

⑤象：表现，徵象。

⑥休决：俭素决断。

⑦矫（jiǎo）矫行行（hàng）：矫矫：武勇貌。行行：刚健貌。

⑧业业跄跄（qiāng）：业业：谨慎戒惧的样子。跄跄：步趋有节奏的样子。

⑨颙颙（yóng）卬卬（áng）：颙颙：严肃的样子。卬卬：气概轩昂。

⑩心气：中医称心脏的生理功能。此指心神气质。

⑪律吕：中国古代乐律的通称，即六律、六吕十二律。

⑫回衍：回荡延伸。

⑬矜奋：威强激奋的样子。

【译文】

五常的区别，我们可以用五种品德来解释。因此，温和直率而又和顺果决，这种品德属于"木德"；刚强节制而又弘大坚毅，这种品德属于"金德"；谨慎恭敬而又端庄肃穆，这种品德，属于"水德"；容缓结实而又柔韧坚挺，这种品德属于"土德"；简直顺畅而又明识砭割，这种品德是"火德"。

虽然人的才德类型众多，变化起来会有许多种，但都是以五种品质为基础的。因此，刚强柔和，明白流畅，坚贞稳固的徵象，显露在人的形体和容貌上，外现在人的话语和声色上，是发自人的内心的情感和体味，各自与它们的徵象相似。

因此，如果一个人的心性开阔耿直，那么他的仪容应该是坚定有力的；如果一个人的心性俭素决断，那么他的仪容应该是奋进勇猛的；如果一个人的心性平和坦然，那么他的仪容应该是安详闲适的。仪容一有变化，就要有相应的不同的相貌举止，与之相适应。姿容端直的举动，就会有一种勇武刚强与之相适应；姿容美善的举动，就会有一种谨慎庄重与之相自适应；姿容肃穆的举动，就要有一种恭敬威严、气宇轩昂与之相适应。

一个人的仪容动作，是来源于人的心神气质；心气的徵象变化，又体现在声音的变化上。人的气质相互作用，形成声音，不同的声音应符合不同的乐律。有和顺平缓的声音；有清新流畅的声音；有回荡延伸的声音。人的声音因为气而通畅，但是，实际上人的容貌和神色，也因为声音的改变而改变。因此，真正仁爱的人，一定要有温顺柔和的神色；真正勇敢的人，一定要有威强激奋的样子；真正智慧的人，一定要有明智通达的神色。

【事典】

姜子牙识别人才的标准

在衡量一个人是怎样的人才方面，姜子牙有着自己的一套

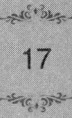

标准。

他曾经说:"那种平时多嘴多舌,唠唠叨叨,开口就是恶言恶语的人,周围的人们都十分厌恶他。这样的人只配做'妻子之将'"。

"那种为人忠厚老实,平时寡言少语,分配财物的时候,喜欢按人头均分的人,他们遇事往往心慈手软,动不动就劝人改过自新,缺乏一种做事的魄力,这样的人只能做'十人之将'"。

"那种对上级能言善变,虚心而恭敬,对下级的意见却一点也听不进去,动不动就对下级施以刑戮,而且刑必见血,甚至对亲人也不留情面,这样的人可以做'百人之将'"。

"那种争强好胜,对待对手就好像是仇人一样,好用刑律,但是可以使众人整齐地听从号令,这样的人可以做'千人之将'"。

"那种表面上很谨慎,也很少说话,却很关心下级的冷暖,能和下面的人同甘共苦,这样的人可以做'万人之将'"。

"那种能够听取下属的意见,招贤纳士,亲近士卒,忠心耿耿全力以赴的人,可以做'十万人之将'"。

"那种为人温良,执法如山,正直不阿而又善于推举贤能的人,堪当'百万人之将'"。

【原文】

夫色见于貌,所谓徵神①。徵神见貌,则情发于目。故仁目之精,悫然②以端;勇胆之精,晔然③以强;然皆偏至之才,以胜体为质者也。故胜质不精,则其事不遂。

是故,直而不柔则木,劲而不精则力,固而不端则愚,气

人物志

而不清则越④，畅而不平则荡。是故，中庸⑤之质，异于此类：五常⑥既备，包以澹味，五质⑦内充，五精⑧外章。是以，目彩五晖⑨之光也。

故曰：物生有形，形有神精；能知精神，则穷理尽性。

【注释】

①徵神：精神外显的迹象。

②悫（què）然：诚实忠厚的样子。

③晔然：光焰炯炯的样子。

④越：逾越、越出。此指偏激。

⑤中庸：不偏叫中，不变叫庸。儒家以中庸为最高的道德标准。

⑥五常：此指五行。

⑦五质：犹言五常：仁、礼、信、义、智五种品质。

⑧五精：心、肝、脾、肺、肾的精气。班固《白虎道德论》卷八《情性》："五脏：肝仁、肺义、心礼、肾智、脾信也"。以五精合五常。

⑨五晖：犹言五彩或五色：青、黄、赤、白、黑。

【译文】

一个人的面色变化，会在他的形貌上有所表现，这就是所谓的精神外显的迹象。人的精神外显于形貌，就好像是人的情感从人的眼睛向外流露一样。因此，"仁"表现在人的眼睛上，就是一种精气的凝聚，看上去眼神诚实忠厚端庄的样子。"勇"表现在人的眼睛上，就是一种胆的精气凝聚，看上去光焰炯炯，

人物志

强烈有力。然而,这些都是偏至之才,把人的体貌特征,看得胜过精神内质的自然显示。所以,人的气质过于旺盛,但是不精准,做事情就不会称心如意。

因此,如果一个人的气质正直但缺乏柔和,就会显现出一种呆滞;如果一个人的气质强劲但缺乏精明,就会显现出一种鲁莽;如果一个人的气质固执但缺乏端正,就会显现出一种愚昧;如果一个人的气质充分但缺乏清朗,就会显现出一种偏激;如果一个人的气质通畅但缺乏平正,就会显现出一种放荡。所以,拥有中庸品质的人,和上面所提到的不是同一种类型的人。金、木、水、火、土五行齐备,且包容于淡雅;仁、礼、信、义、智五种品质齐备,且充实于其内;心、肺、肝、脾、肾五脏精气齐备,且彰显于其外。拥有中庸品质的人,眼睛闪耀着五彩的光芒。

所以说,事物产生之后,都有其外在的形貌,而形貌又有相应的精神与之相适应;把握好人的精神,就能把世间的道理和本性,轻松自如地体悟出来。

人物志

【事典】

曾国藩的"以褒为主"

曾国藩是晚清时期一个重要的政治人物,在中国历史的前进过程中,起了重要的作用。他在评价人才的时候,总是以褒为主,以贬为次。甚至于,对和他个人有不同见解的人,他也能一视同仁。

李元度曾经两次参奏过曾国藩,但是他还是在给曾国荃的信中说:"李次青之才实不可及,吾在外数年,独觉惭对此人,弟可与之常通书信,一则少表余之歉忱,一则凡事可以请益。"

对于常常和他闹不和的左宗棠,他却非常钦佩左宗棠的才能。咸丰十年(1860)四月其为左宗棠美言,使左宗棠重新被清廷重用。第二年四月,曾国藩又上奏说左宗棠"以数千新集之众,破十倍凶悍之贼,察地利以审敌情,蓄机势以作士气,实属深明将略,度越时贤",恳请"将左宗棠襄办军务改为帮办军务。"

清廷果然答应了曾国藩的请求。

人物志

【原文】

性之所尽，九质之征也。然则平陂①之质在于神，明暗之实在于精，勇怯之势在于筋，强弱之植在于骨，躁静之决在于气，惨怿②之情在于色，衰正之形在于仪，态度之动在于容，缓急之状在于言。其为人也：质素平澹，中叡外朗，筋劲植固，声清色怿，仪正容直，则九征皆至，则纯粹之德也。九征有违，则偏杂之才也。

三度③不同，其德异称。故偏至④之才，以才自名；兼才⑤之人，以德为目；兼德⑥之人，更为美号。是故兼德而至，谓之中庸；中庸也者，圣人之目也。具体而微⑦，谓之德行；德行也者，大雅⑧之称也。一至⑨，谓之偏才；偏才，小雅⑩之质也。一征，谓之依似；依似⑪，乱德之类也。一至一违，谓之间杂⑫；间杂，无恒之人也。无恒、依似，皆风人⑬末流；末流之质，不可胜论，是以略而不概也。

【注释】

①平陂（bèi）：平正偏邪。陂，原指泽畔挡水之岸。

②惨怿（yì）：惨，悲伤。怿，喜悦。

③三度：此指偏至、兼才、兼德三度。

④偏至：九征中突出一两个方面的人才。

⑤兼才：五德中得其一两人方面的人才。目，品评。

⑥兼德：九征之德兼备的人才。

⑦具体而微：语出《孟子·公孙丑上》。原指有其全体而未能广大，此指九征初具而未能完善。

⑧大雅：才德高尚之大才。

⑨一至：九徵中突出某一方面的人。

⑩小雅：相对于大臣而言，指偏才。

⑪一徵：九徵中在某一方面有所体现的人。依似：依靠一徵在某一方面所体现的才能造成似是而非的状况。

⑫间杂：九徵中某些方面突出与某些方面相违混杂的人。

⑬风人：即诗人。

【译文】

人的性情所表现出来的变化，体现在九个方面的徵象。这九个徵象分别是：一个人平正或者偏邪的素质，体现在他的神明上；一个人聪慧或者愚钝的关键，体现在他的精气上；一个人勇敢或者怯懦的气势，体现在他的筋脉之上；一个人强健或者柔弱的体质，体现在他的骨骼之上；一个人急躁或者是沉静的脾气，体现在他的气血之上；一个人悲伤或者喜悦的情绪，体现在他的面色之上；一个人衰殆或者正式的形象，体现在他的仪表之上；一个人的形态或者气度的举止，体现在他的容貌之上；一个人缓和或者急切的状况，体现在他的话语之上。作为一个有才能的人，他的性质平和淡雅，内心里面聪慧外表爽朗，筋腱强劲骨骼坚固，声音清脆神色悦怿，仪表端庄容貌雅正，一个人如果这九种类型的表徵都具备，那他就是一个有才有德的人。如果这九种徵象有所违谬，那就只能称之为偏杂的人才了。

偏才、兼才、兼德三度各不相同，它们各自的才德也各有不同。因此，一个具有偏才的人，他以其某一方面的专长而出名；一个具有兼才的人，他以其某一方面的品德而著称；一个具有兼德的人才，他以其某一个美好的称号而闻名于世。所以，才和德完美统一的境界，就是我们所说的中庸之道，一个人如果能做到中庸，那么他就是一个圣人。因为中庸，是对圣人的称谓。当九徵初具而还没有完善的时候，我们称之为德行。我们所说的德行，是对才德高尚的大才的称谓。如果一个人，只是在九徵之中某一方面突出，那他可以成为一个偏才。一个具有偏才的人，他属于才德有一定偏颇的素质。一个人所具有的才能，如果只体现九徵中的某一方面，这是一种似是而非的状态，是属于淆乱的一类。如果一个人具有九徵中某一方面的才能，而又与某些方面相背，这一种状态称之为间杂。具有这种相互混杂才能的人，是一种没有恒性的人。一个人没有恒定的性情，只是一种似是而非，这种类型的人，只是无能为力的诗人流辈之人。对于诗人流辈之人，世间的各类极其繁多，把他们一类一类评述出来，是一件极其困难的事，所以就略去不加评述。

【事典】

燕雀安知鸿鹄之志

在中国的历史上，凡是做成一番事业的人，没有一个是碌碌无为，胸无大志的人。"凡人才高下，视其志趣"，这种观点直接把一个人的志向，看成了衡量其是不是人才的标准。

"有志者事竟成。"古往今来，许多做成大事的人，都是从立志开始的。秦末的时候，有一个人叫陈胜，其出身贫寒，年少的时候，去给别人种地而求得生计。可是他人穷志不穷，一直想做出一番大的事业。

人物志

有一次在休息的时候,他坐在田埂上思考,突然笑着说:"如果有一天,我陈胜发达了,我一定不会忘记你们这一帮穷兄弟的。"和他一起干活的人听他这样说,都笑他。有一个人就对他说:"你只是一个帮人家干活的农夫,你会有什么富贵吗?你也不过是做做白日梦,说说大话罢了。"陈胜听到别人这么说,就感慨地说:"嗟乎!燕雀安知鸿鹄之志哉!"

不久以后,陈胜在大泽乡发动了农民起义,用自己的实际行动,向别人证明了,其豪言壮语,不是在做白日梦,而是他的志向和决心。

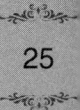

第三章

体別

人物志

【原文】

夫中庸之德，其质无名。故咸而不碱①，淡而不䬼②，质而不缦③，文而不绩④；能威能怀，能辨能讷⑤；变化无方，以达为节。是以抗者过之，而拘者不逮⑥。

夫拘抗违中，故善⑦有所章，而理有所失。是故厉直刚毅，才在矫正，失在激讦⑧。柔顺安恕，每⑨在宽容，失在少决。雄悍杰健，任在胆烈，失在多忌⑩。精良畏慎，善在恭谨，失在多疑。强楷⑪坚劲，用在桢干⑫，失在专固⑬。论辨理绎，能在释结⑭，失在流宕⑮。普博周给⑯，弘在覆裕，失在溷浊。清介廉洁，节在俭固，失在拘扃⑰。休动⑱磊落，业在攀跻⑲，失在疏越⑳。沉静机密，精在玄微，失在迟缓。朴露径尽，质在中诚，失在不微㉑。多智韬情㉒，权在谲略，失在依违。

【注释】

①咸而不碱：即咸而没有碱味的苦涩。碱：含氢氧根的化合物的统称。此指碱味。

②䬼：无味。

③缦（màn）：一种无花纹图案的丝织品。

④绩：同"绘"。绘画。

⑤讷：言语迟钝。

⑥逮：及，达到。

⑦善：通"缮"。修饰，修缮。

⑧激讦：激烈攻击对方。

⑨每：通"美"，长处。

⑩多忌：许是"无忌"之误。忌：禁忌戒惧。

⑪强楷（jiē）：强健刚直。

⑫桢干：筑墙时所用木柱，竖于两端的叫桢，立于两旁的叫干。此处借指支撑、坚固。

⑬专固：独断专行，固执己见。

⑭绎（yì）：抽出或理出事物的头绪。释结：解释疑难。

⑮流宕：飘浮不定。

⑯普博周给：意即普济博施周给。

⑰拘扃（jiōng）：拘谨，局促。扃：门窗上的插闩，引申为封闭。

⑱休动：善动、好动。

⑲攀跻（jī）：攀登。跻：登，上升。

⑳疏越：空疏迂阔。

㉑不微：显露而不深沉。

㉒韬情：掩饰真情，不使外露。韬：藏匿。

㉓谲略：权术谋略。

㉔依违：犹豫不决，模棱两可。

【译文】

对于中庸这一种高尚的品德，它的本质是不可以名状的。这就好像含盐的水，虽然有咸味却没有苦涩的味道。中庸这种品德，虽然很淡，但是并不是一点品味都没有。这就好像是质地朴素的丝织品一样，它并不是一点花纹修饰也没有，而是它的色彩不过度张扬而已。具有中庸品德的人，既具有威严，又具有对人的感召力；有时侃侃而谈，有时缄默不语。中庸之德，做事没有恒定不变的原则，完全根据实际的需要，以通达成功

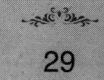

为准则。

对于拘束违背中庸之道的，其一定做出某些修饰，其气质就会有所外显，其义理也会有所失。所以，对于那些严肃正直刚强坚毅的人，他的才能突出表现在矫正邪曲和刚正不阿，其不足之处在于激烈攻击对方；对于那些柔和恭顺安详宽厚的人，他的突出表现在于宽大和容忍，其不足之处在于缺乏力度和果断；对于那些雄壮强悍劲健豪迈的人，他的突出表现在于胆力刚烈，其不足之处在于无所顾忌；对于那些细致温良畏缩慎重的人，他的突出表现在于谦恭谨慎，其不足之处在于过多疑虑；对于那些强硬刚正坚定劲直的人，他的突出表现在于支撑稳固，其不足之处在于专横固执；对于那些善于论辩推究事理的人，他的突出表现在于解释疑难，其不足之处在于飘忽不定；对于那些普济博施周给广泛的人，他的突出表现在于胸襟弘大覆盖宽广，其不足之处在于交游混杂；对于那些清高耿介廉洁无私的人，他的突出表现在于节操俭素坚定不移，其不足之处在于迟滞缓慢；对于那些质朴率真性格外向的人，其突出表现在于心地忠厚为人诚恳，其不足之处在于浅露不藏；对于那些足智多谋厚貌深情的人，他的突出表现在于权术多谋谲诈韬略，其不足之处在于模棱两可犹豫不决。

【事典】

赵匡胤雪夜问计赵普

赵普在陈桥兵变之中，是首屈一指的功臣，赵匡胤除去了许多功臣，却单单把他留了下来。

这一天晚上，天上正在下大雪，赵普刚要睡觉，赵匡胤来找他。赵普赶忙去接驾，并准备了酒菜。等到酒过三巡菜过五味，赵普问："天上下这么大的雪，陛下亲自驾临，不知有什么教诲？"

赵匡胤叹了口气说："朕睡不着觉啊！边境之外都是外邦的势力啊！"

人物志

赵普说:"陛下是在思考统一天下的事。以微臣的愚见,陛下是一个圣贤的君王,统一天下的大业,那是指日可待。不知陛下是怎么打算的?"

赵匡胤想了想说:"朕想先打北汉,而后再去南征,不知道爱卿怎么想?"

赵普对当时的形势早有了自己的打算,他想了一想说:"北汉占西北两边,不如我们暂时不打太原,而是先把南方平定了,而后再北上。像北汉这样的小国,不在话下。"

赵匡胤听了,极力赞赏赵普说:"爱卿的计策,和朕想的一样,刚才朕说要先打北汉,只是在试探一下爱卿而已。"

赵匡胤雪夜问计,感动了赵普,他积极帮助太祖皇帝统一天下。后来,太祖过世,他又帮助其弟完成了统一大业。

【原文】

及其进德①之日不止,揆②中庸,以戒其才之拘抗;而指人之所短,以益其失;犹晋楚带剑,递相诡反也③。

是故强毅之人,狠刚不和,不戒其强之搪突④,而以顺为挠,厉其抗⑤;是故可以立法,难与入微。

柔顺之人,缓心宽断⑥,不戒其事之不摄,而以抗为刿,安其舒⑦;是故可与循常,难与权疑⑧。

雄悍之人,气奋勇决,不戒其勇之毁跌⑨,而以顺为恇⑩,竭其势;是故可与涉难,难与居约⑪。

惧慎之人,畏患多忌,不戒其懦于为义,而以勇为狎⑫,增其疑;是故可与保全,难与立节。

凌楷⑬之人,秉意劲特,不戒其情之固护⑭,而以辨为伪,强其专；是故可以持正，难与附众。

【注释】

①进德：此指才能得以发挥，仕途得以进取。

②揆（kuí）：尺度、准则。

③晋楚带剑，递相诡反：意即晋人与楚人相互嘲笑对方佩剑的方向相反。

④搪突：冒犯，抵触。

⑤挠：屈服。厉：鼓励、激励。

⑥宽断：优柔寡断。

⑦摄：治理。刬：伤害。舒：无为。

⑧权疑：权变释疑。

⑨毁跌：意即毁害失误。

⑩恇（kuāng）：怯弱。竭：穷尽。

⑪居约：处于逆境。约：穷约。

⑫狎：轻忽。

⑬凌楷：凌厉刚正。劲特：坚劲耿介。

⑭固护：主观专断。

【译文】

等到一个人的才能得到发挥以后，要以中庸之道作为准则，戒除掉过分的高亢或者拘谨，才能得到进一步的提升，这样才是圣人的做法。如果只是一味指责别人的不足之处，只能让自己的缺点愈加突出。这就好像晋国人和楚国人，彼此嘲笑对方腰间宝剑的方向相反一样。让别人留下发笑的口实，从而对自己产生不良的影响。

对于那些刚强坚毅之人，做事一味狠戾刚愎不柔和，不时常对自己强硬抵触别人的行为引以为戒，而是对自己的行为以柔顺的方式对待，促使其更加亢奋。这种类型的人才，可以让他们去做立法的工作，但是这种类型的人才，很难对民情做到细微的体察。

对于那些柔和温顺之人，做事一味迟缓宽容缺少决断，不时常对自己不知治理的行为引以为戒，而是以强硬的方式进行伤害，导致无所作为。这种类型的人才，可以让他们去遵守常道，却不能做到权变释疑。

对于那雄壮强悍之人，做事一味意气风发勇敢果断，不时常对自己勇悍造成的恶果失误进行反思，而是把柔顺和忍耐看作是一种怯弱，导致为所欲为。这种类型的人才，可以让他们去共赴危机，却难以经受逆境的考验。

对于那些谨慎戒惧之人，做事一味畏首畏尾诸多顾忌，不时常对自己不敢主持公道伸张正义引以为戒，而是把果敢看作是一种轻忽，导致犹豫畏惧。这种类型的人才，可以让他们去保命全身，却难以树立气节。

对于那些凌厉正直之人，做事一味秉正意气坚劲耿介，不时常对自己固执己见过分主观引以为戒，而是把主观专断逐步加强。这种类型的人才，可以让他们去主持正义，却难以团结群众。

【事典】

张之洞举荐冯子材

人物志

张之洞是晚清洋务运动的主要官僚之一，其13岁中秀才，15岁中举人。在两广总督的任上，他荐举人才，鼓励农工，减免杂税，又创办洋务。

当时，法国殖民者想要吞并越南，张之洞知道老将冯子材，是一位难得的军事人才，于是就上奏清廷，举荐冯子材与广西巡府潘鼎新一起抗击法军。

潘鼎新贪生怕死，不战而逃，使镇南关落入敌人的手中，他却将罪名加在了老将冯子材的身上。清廷不辨真假，责备冯子材"可恨已极，倘再玩延，即照军法从事。"张之洞知道情况以后，立刻为冯子材辩冤："并非冯、王不听调度，实由潘抚调度乖方"，清廷这才又下旨，削去潘鼎新的官职。

冯子材受命帮办广西军务，率军赴镇南关迎击法国军队。冯子材调度有方，积极备战。光绪十一年（1885）三月二十四日，年过七旬的冯子材持矛杀敌，将士们个个奋勇争先，最终击败了法军，收复谅山，扭转了整个中法战争的局势。这种局面的改观，与张之洞的识别人才和举荐人才是分不开的。可以说，如果没有其对冯子材的推举，他也不可能建立如此的功勋。

【原文】

辨博之人，论理赡给①，不戒其辞之泛滥，而以楷为系②，遂其流③；是故可与泛序④，难与立约。

弘普之人，意爱周洽⑤，不戒其交之溷杂，而以介为狷，广其浊；是故可以抚众，难与厉俗。

狷介⑥之人，砭清激浊⑦，不戒其道之隘狭，而以普为秽，益其拘；是故可与守节，难以变通。

休动之人，志慕超越，不戒其意之大猥⑧，而以静为滞，果其锐；是故可以进趋，难与持后⑨。

【注释】

①赡（shàn）给（jǐ）：充分，足够。

②楷（jiē）：正直。系：束缚。

③流：流荡不定。

④泛序：破除等级界限。序：次序，等级。

⑤周洽：广泛随意。

⑥狷介：偏激、固执。

⑦砭清激浊：即激浊扬清，斥恶扬善。

⑧大猥：此指贪多务得，好大喜功。

⑨持后：甘居人后。

【译文】

对于那些能言巧变之人，做事一味地充分讲理，不对自己文辞泛滥引以为戒，而是把楷正守法当成一种束缚，助长这种作风散漫游荡。所以，这一种类型的人才，可以与他们平等相处，但是很难设立约定。

对于那些宽宏大量之人，做事一味的周遍协和，不对自己混杂交游引以为戒，而是把廉正耿介当成一种保守，使他的交际愈加的广泛混杂。所以，这一种类型的人才，可以让他们去安抚民众，但是很难去严肃风俗。

对于那些偏激固执之人，做事一味地标举清正，不对自己清高狭隘引以为戒，而是把博大宽容当成一种污秽，使他做事更加拘谨执拗。所以，这一种类型的人才，可以让他们去坚持

人物志

节操，但是很难做到变通。

对于那些积极进取之人，做事一味的目标远大，不对自己贪多好大喜功引以为戒，而是把沉静当成一种停滞，使他做事更加果断锐利。所以，这一种类型的人才，可以让他们去积极进取，做什么他们都不会落在后面。

【事典】

狐偃举荐虞子羔

春秋时期，秦国对晋国一直虎视眈眈。为了巩固边防，晋文公决定派一个干将去守卫河西地区。但是，他拿不定主意，到底派谁去。于是，就把自己的舅舅狐偃找来。

狐偃是晋文公的近臣，而且智谋过人。在文公流亡的时候，就一直忠心耿耿地跟着他。狐偃对晋文公说："虞子羔是一个十分有才能的人，要是派他去，河西地区一定万无一失。"晋文公知道狐偃和虞子羔有仇，就问他："虞子羔不是和你有仇吗？你为什么还要举荐他呢？"狐偃说："刚才君王是问我，谁可以承担河西地区的重任，臣是从国家的角度，来推荐一个合适的人，至于臣个人的仇恨，那是另外一个问题。"

虞子羔听到这件事情以后，非常地感动，于是到狐偃的家中答谢，感谢他不计前嫌，使自己又一次得到国君的重用。狐偃见到虞子羔这样感谢自己，就对他说："我这样做，也是为了国家大事，不能因为我们之间的个人恩怨，而误了国家大事。你还是快走吧！我不想见到你，你要是再不走，我可就要用箭射你了。"

狐偃举荐不避仇的故事,从此也传为了一段佳话。

【原文】

沉静之人,道思回复,不戒其静之迟后,而以动为疏①,美其懦;是故可与深虑,难与捷速。

朴露之人,中疑实②,不戒其实之野直③,而以谲为诞,露其诚;是故可与立信,难与消息④。

韬谲⑤之人,原度取容⑥,不戒其术之离正,而以尽为愚,贵其虚;是故可与赞⑦善,难与矫违。

夫学所以成才也,恕所以推情也;偏才之性,不可移转矣。虽教之以学,才成而随之以失;虽训之以恕,推情各从其心。信者逆⑧信,诈者逆诈;故学不入道,恕不周物;此偏才之益失也。

【注释】

①疏:疏忽,轻率。

②中疑实:疑,或同"懝"(nǐ),即佁(yǐ);懝:痴呆的样子,引申为迟钝、呆滞。

③野直:粗野,率真。

④消息:谓一消一长,互为更替。此指调停节度,使令事宜。

⑤韬谲:怀藏诡诈。

⑥原度取容:推原测度,取悦于人。

⑦赞:佐助。

⑧逆:推测,猜测。

【译文】

人物志

对于那些静默冷峻之人，做事一味的深思多虑，不对自己过分冷静迟滞徘徊引以为戒，而是把好动当成一种轻率，使他们做事更加软弱无力。所以，这一种类型的人才，可以让他们去深思远虑，但是他们很难及时把握机遇。

对于那些朴实直爽之人，做事一味的呆滞坚实，不对自己过分粗野直率引以为戒，而是把机灵巧妙当成一种浮躁，使他们做事更加迟钝。所以，这一种类型的人才，可以让他们去执行任务，但是他们很难顺应变化。

对于那些机灵善变之人，做事一味的见风使舵，不对自己过分玩弄权术引以为戒，而是把诚实当成一种愚昧，使他们做事更加虚伪。所以，这一种类型的人才，可以让他们去帮助良善，但是他们很难走上正途。

一个普通人，要是想成为人才，是可以通过自己的努力来实现的；通过自己想到别人，就可以了解到人的许多真性情。对于那些偏才的性情，是可以转移的。虽然说知识和技能是可以来传授的，但是当他们成才以后，其偏才的秉性也会变成一种缺点。虽然说教导人，要给他们传授宽恕的道理，用这种道理去推想别人，也应该是一种宽厚的人性，但是实际上推情别人还是看个人的心性。一个诚实的人想别人，也应该是诚实的；一个诡诈的人想别人，也都是诡诈的。所以，一个人通过学习，是不能掌握推想别人的方法。推想别人的自我内省，是不能用宽容来分析的，偏才的不足之处也就显露出来了。

【事典】

萧规曹随

人物志

　　萧何是一个很有品德，而且也很有才能的人。萧何病重的时候，汉惠帝亲自到他的家里去看望他，并问他："你百年之后，这朝中有谁可以担当你的重任，为国事出力，为朕分忧呢？"

　　萧何说："君王是最了解我的人了。您应该知道我心中所想的。"汉惠帝说："曹参来接替你的相国之位，怎么样？"萧何马上磕头说："陛下有了新的相国，老臣我，也就死而无憾了。"

　　萧何死后，曹参接替了相国的位置，他凡事都按萧何在时的规定行事，并没有做什么特别的事情。汉惠帝开始对曹参不满意，于是就把曹参的儿子找来，让他去看看他父亲在家里做什么事。

　　曹参得知这个事情之后，马上就打了他儿子，并对他说："这天下的大事，哪有你这个毛孩子多嘴的份儿。"汉惠帝得知后，就对曹参更加的不满意。就在朝堂上责问曹参。曹参跪下说："陛下您觉得您和高祖皇帝比，谁更圣明一些？"汉惠帝说："我怎么能比得了先帝呢？"曹参又问："臣和萧相国比，谁更有才能呢？"汉惠帝说："你好像不如萧相国。"

　　曹参说："陛下说得对，高祖和萧相国平定了天下，制定了一套治国的法令，像我们这些做臣子的，只要照旧制去做就可以了，没有必要去破坏它。"

第四章

流业

人物志

【原文】

盖人流之业，十有二焉①：有清节家，有法家，有术家，有国体②，有器能③，有臧否④，有伎俩⑤，有智意⑥，有文章，有儒学，有口辩，有雄杰。

若夫德行高妙，容止⑦可法，是谓清节之家，延陵、晏婴是也⑧。

建法立制，强国富人，是谓法家，管仲、商鞅是也⑨。

思通道化，策谋奇妙，是谓术家，范蠡⑩、张良是也。

【注释】

①流：类别，派别。业：职业。

②国体：国家的体面。指能成为国家中杰出代表的人。

③器能：器量，才能。

④臧否（pǐ）：原指善恶是非，引申为褒贬品评。

⑤伎俩：技能，技巧。

⑥智意：智慧识见。

⑦容止：仪容举止。

⑧延陵：延陵子，即季札，春秋时吴王诸樊之弟，多次推让君位。延陵（今江苏武进）为其封邑，故称延陵子。晏婴：春秋时齐国大夫，字平仲，历任齐灵公、庄公、景公三世。一生清廉节俭，名显诸侯。

⑨管仲：春秋时齐国人，名夷吾，字仲。初事公子纠，后相齐桓公。主张富国强兵，一匡天下。辅佐齐桓公成就霸业。商鞅：战国时卫人，姓公孙，名鞅。封于商，也称商鞅或商君。相秦十九年，废井田，开阡陌，奖励耕战，辅佐秦孝公变法，

使秦国富强，成为七国之雄。

⑩范蠡：春秋末楚国宛人，字少伯。仕越为大夫。辅助越王勾践刻苦图强，灭掉吴国。后退而经商致富，也称陶朱公。张良：字子房。秦灭韩，良结游刺客，椎击秦皇未遂，逃匿下邳。秦末刘邦起兵，良为谋士，佐汉灭秦去楚，因功封为留侯。

||【译文】||

根据不同类别的人，可以把其职业分成十二种类型，它们分别是：清节家、法家、术家、国体、器能、臧否、智意、文章、儒学、口辩、雄杰。

那一种品德高尚，行为潇洒，仪容举止能够让别人去效仿的人，被称之为清节家。像延陵子、晏婴都属于清节家这种类型的人。

那一种能够建立法律制度，使国家强盛人民富裕的人，被称之为法家。像管仲、商鞅都属于法家这种类型的人。

那一种有很深的思想造诣，能够通达道理真义，为君王想出奇谋高断的人，被称之为术家。像范蠡、张良都属于术家这种类型的人。

||【事典】||

狄仁杰举荐人才的妙招

狄仁杰是一个具有传奇色彩的人物，其在举荐人才方面，也有一番作为。尤其是他举荐契丹降将的故事。

李楷固和骆务整原来是契丹的大将，他们两个人十分骁勇善战，曾多次带兵袭扰大周的边境，大周的将士们都十分嫉恨

人物志

他们两个人。后来，李楷固和骆务整被形势所逼，投降了周朝。朝中的许多将军，都主张杀了两个人，以显示周朝的国威。

有的人说："李楷固和骆务整，以前无数次地犯我周朝的边境，杀了我们很多的将士，如果不杀他们两个，恐怕军心会有所变动。"

但是，狄仁杰却主张招降这两个人，他在奏章中说："楷固、务整是骁勇善战的将才，如果我们能招降他们，并给他们两个官爵，他们一定会感激我们周朝的恩泽，为我们南征北战，将功补过。如果杀了他们，只能让契丹的将士们死战到底，从而增加了我军的阻力。"

文武们都认为狄仁杰说得有道理，于是就招降了两个人。后来的事实也证明，狄仁杰的举荐是正确的。在后来大周与契丹的战争中，因为两个降将熟悉契丹的情况，大周的军队势如破竹，大获全胜。

兼有三才①，三才皆备，其德足以厉风俗，其法足以正天下，其术足以谋庙胜②，是谓国体，伊尹、吕望是也③。

兼有三才，三才皆微，其德足以率一国，其法足以正乡邑，其术足以权事宜，是谓器能，子产、西门豹是也④。

兼有三才之别，各有一流⑤。清节之流，不能弘恕⑥，好尚讥诃⑦，分别是非，是谓臧否，子夏⑧之徒是也。

法家之流，不能创思远图，而能受一官之任，错意施巧⑨，是谓伎俩，张敞、赵广汉是也⑩。

术家之流，不能创制垂则，而能遭变用权，权智有余，公

人物志

正不足，是谓智意，陈平、韩安国是也。

①三才：德、法、术。

②庙胜：此指临战前在朝堂制定克敌制胜的谋略。

③伊尹：商汤臣，名挚。原是汤妻陪嫁的奴隶，后佐汤伐夏桀，被尊为阿衡（宰相）。

④子产：春秋时郑国大夫公孙侨，字子产。自郑简公始执国政，历定公、献公、声公三朝。为人博洽多闻，为政宽猛并济，内驭强宗，外折强国，郑国不被兵革者数十年。西门豹：战国时魏人。魏文伯时任邺县令，曾破除当地"河伯娶妇"的迷信，凿渠引河，灌溉民田，发展农业。

⑤别：某一方面。流：由源派生的流别。

⑥弘恕：宽弘大量。

⑦讥诃：查问。

⑧子夏：（前507—400），春秋时卫人，孔子学生。姓卜名商，字子夏。长于文学，相传曾讲学于西河，序《诗》传《易》，为魏文侯师。

⑨错意：即措意，留意的意思。

⑩张敞：西汉循吏，字子高。宣帝时曾为太中大夫、京兆尹、冀州刺史等，敢直言，严赏罚，治政有方。赵广汉：（？—前65），西汉时循吏，字子都，宣帝时任颖川太守，迁京兆尹。为政廉明，执法不避权贵，豪强慑伏。

垂则：设立法则。

陈平：汉代阳武人。少时家贫，好读书。秦末农民起义，初从项羽，后归刘邦，有谋略。佐高祖定天下，封为曲逆侯。惠帝时为左丞相，吕后徙为右丞相。后与太尉周勃合力，尽诛诸吕，迎立文帝。韩安国：汉代成安人，字长孺。初事梁孝王为大夫。七国之乱，平定吴楚。武帝时曾任御史大夫、卫尉等职。抵御匈奴，兵败徙官，郁郁而终。

那一种三才兼备，在德、法、术方面都有很深造诣的人，是一种全面发展的人才。他的品德足可以整顿国家的风俗习惯；他的法制足可以治理天下，让秩序井然；他的权术足可以为一个国家制定基本的国策；这种类型的人，可以把国家交到他手上，像伊尹、吕望就是这种类型的人。

那一种三才兼备，但是在德、法、术方面都不精通的人，只是有一些能力的人才。他的品德只能作为一个郡的表率；他的法制只能在一个乡里起到效果；他的权术只能平息一些小的事理。这种人才，只能称之为器重的人才，像子产、西门豹都是属于器重类型的人才。

那一种只有三才中某一方面的人，各自成为其类别中的支流。那一种清节家支流的人，做事不能够宽宏大量，总是抓住某一件事不放，非要分出一个是非曲直不可，这就是所谓的臧否一类的，像子夏等都是属于这种类别的人。

那一种法家支流的人，做事不能够广开思路，深谋远虑，这一种类别的人只能给他们一个固定的官位，给他们一定的权力，让其一心一意地去做分内的事情，这就是所谓的伎俩一类的，像张敞、赵广汉等都是这种类别的人。

那一种术家支流的人，做事不能够自己创建制度，但是遇事机动灵活，善于运用权谋和术数，但是做事不能够公正公平，这就所谓的智慧一类的，像陈平、韩安国等都是属于这种类别的人。

伊尹受重用

伊尹是商初重臣之一，原名伊挚，尹为官名，甲骨卜辞中称他为伊，金文则称为伊小臣。

相传伊尹生于伊水边，成年后流落到有莘氏，以耕地为生，地位虽卑，而心忧天下。他见有莘氏国君有贤德，想劝说他起兵灭夏。为接近有莘国君，他自愿沦为奴隶，充任有莘国君贴身厨师。国君发现其才干，提拔为管理膳食之官。经长期观察，伊尹终于发现，有莘氏与夏同姓，均为夏禹之后，血缘联系难以割断，况且有莘国小力弱，不足以担当灭夏重任，只有汤才是理想人选，决定投奔汤。

其时汤娶有莘氏之女为妃，伊尹自愿作陪嫁媵臣，随同到商。他背负鼎俎为汤烹炊，以烹调、五味为引子，分析天下大势与为政之道，劝汤承担灭夏大任。汤由此方知伊尹有经天纬地之才，便免其奴隶身份，命为右相，成为最高执政大臣。

伊尹不仅是辅佐汤夺取天下的开国元勋，还是后来三任商王的功臣，因此，伊尹在甲骨卜辞中被列为"旧老臣"之首，受到隆重祭祀，不仅与汤同祭，还单独享祀。

凡此八业，皆以三才为本。故虽波流分别，皆为轻事之才也。能属文著述，是谓文章，司马迁、班固是也①。能传圣人之业，而不能干事施政，是谓儒学，毛公、贯公是也②。辩不入道，而应对资给，是谓口辩，乐毅、曹丘生是也③。胆力绝众，才略过人，是谓骁雄④，白起、韩信是也⑤。凡此十二才，皆人臣之任也。主德不预焉⑥？主德者，聪明平淡，总达众才而不以事自任者也。

①司马迁：西汉史学家、文学家，汉代夏阳人，字子长。武帝时任太史令，因李陵事，下狱处宫刑，出狱后任中书令。著有《史记》，为我国第一部纪传体通史。班固：东汉史学家。汉代扶风安陵人，字孟坚。曾被人告发私改国史而下狱。明帝时诏为兰台令史，后迁为郎，典校秘书。和帝时因事下狱而死。著有《汉书》。为我国第一部断代史书。

②毛公：指毛苌，即小毛公（大毛为毛亨）。汉初传授《诗经》的学者。西汉赵人，为河间献王博士，曾撰《诗经训故》。贯公：西汉时赵人，从贾谊受《春秋左氏训故》，为河间献王博士。

③乐毅：战国时中山灵寿人，曾为燕将，大破齐军，封昌国君。后奔赵，封望诸君。卒于赵。曹丘生：汉时楚人，有辩才，汉将军季布引为上客。

④骁雄：同"枭雄"，即雄杰。

⑤白起：战国时期秦将，一称公孙起。善用兵，战胜攻取，凡七十余城，封武安君。后与应侯范睢有隙，称病不起，免为士卒。最终被迫自杀。韩信：秦末淮阴人。初从项羽，后归刘邦，拜为大奖。辅助刘邦消灭项羽，封为楚王。与萧何、张良合称汉兴三杰。后降为淮阴侯。为吕后所杀。

⑥主德：以德主天下者，指君主。不预：无关，不在此例。

以上提到的八种类型的职业，都是以德、法、术三才为基础的。所以，虽然他们的流派不一样，但都是能够成就某一种大事业不可或缺的人才。那些能够著述立说的人才，被称作为文章家，像司马迁、班固都是这一种类型的人；那些能够把圣人的事业传承下去，却不能够真正实践施政的人才，被称作为儒家，像毛公、贯公都是这一种类型的人；那些应对辩论不符合圣人的道理，但是能够轻松自如应对的人才，被称作为口辩，乐毅、曹丘生都是这一种类型的人；那些胆子很大，力量也超群，但是才能稍微超出常人的人才，被称作为骁雄，像白起、韩信都是这一种类型的人。这十二种人才，都是可以担当大臣的材料，但是以德主天下的君王，不在这个范畴之内。作为一个仁德的君主，他应该聪慧明理而又和蔼平淡，他能够运用各种各样的人才，把他们放在合适的位置，而不是自己担任许多职务，

什么事情都去过问。

马谡失街亭

　　一个好的大将，在战争进程中起到了十分关键的作用。所以才有了"千军易得，良将难求"的说法。历史上，由于没有找到一个合适的将军，而最后导致失败的例子有很多，这其中最具代表性的，就是诸葛亮对马谡的错用。

　　马谡是马良的弟弟，因其"才气过人"，而受到诸葛亮的赏识，让他做了个随军参军。在"七擒孟获"的过程中，诸葛亮采用马谡的"攻心为上"的策略，平定了南方。然而，马谡毕竟是一个没有实际经验的"理论家"，而且生性骄傲，最终导致了失败。

　　蜀建兴元年（228），诸葛亮率汉军出祁山，北伐中原。当时，马谡是全军的先锋，他占据着战略地位十分重要的街亭，在张郃的大兵压力下，能不能守得住街亭，成了这一次大战的节点所在。

　　诸葛亮深知在这一次战役中，街亭地位的重要性。他一再告诫马谡不要麻痹大意，让他在依山靠水的地方安营，等待时机，一举破敌。可是马谡却没有听从诸葛亮的话，在远离水源的山顶上安营。当张郃的大军到来的时候，断其水源，将其围在孤山之上，最终"为郃所破，士卒离散。"

　　是故，主道立，则十二才各得其任也：

人物志

清节之德，师氏①之任也。

法家之才，司寇之任也②。

术家之才，三孤③之任也。

三才纯备，三公④之任也。

三才而微，冢宰⑤之任也。

臧否之才，师氏之佐也。

智意之才，冢宰之佐也。

伎俩之才，司空⑥之任也。

儒学之才，安民之任也。

文章之才，国史⑦之任也。

辩给之才，行人⑧之任也。

骁雄之才，将帅之任也。

是谓主道得而臣道序，官不易方，而太平用成。若道不平淡，与一才同用好，则一才处权⑨，而众才失任矣。

①师氏：官名。《周礼》地官之属，掌管教育贵族子弟。

②司寇：官名。主管刑狱，为六卿之一。六卿：天官冢宰，地官司徒，春官司伯，夏官司马，秋官司寇，冬官司空。又称六官。后世以大司寇为刑部尚书的别称，侍郎称少司寇。

③三孤：指少师、少傅、少保。为三公之副。

④三公：太师、太傅、太保。为辅佐国君掌握军政大权的最高官员。西汉以大司马、大司徒、大司空为三公。东汉以太尉、司徒、司空为三公。

⑤冢宰：周代官名。六卿之首。后世也称吏部尚书为冢宰。

人物志

⑥司空：官名。六卿之一。西周时掌管建筑工程，制造车服器械，监督手工业奴隶的官。相当于后世工部尚书。西汉时称御史大夫为大司空。

⑦国史：国家的史官。史官：主管文书典籍之官。

⑧行人：周代官名，掌朝觐聘问。后为使者的通称。

⑨处权：拥有权力。

所以，一个国君要想建功立业，这十二种人才缺一不可，各有各的用处。那些具有清高气节品德的人，可以让他们去担当师氏这一职位；那些具有法家才能的人，可以让他去担当司寇这一个职位；那些具有术家才能的人，可以让他们担当少师、少傅或者少保这三孤的职位；那些德、法、术三才都具备的人才，可以让他们担当太师、太傅或者太保这三公的职位；那些德、法、术三才不全部具备的人才，可以让他们担当冢宰的职位。那些臧否之才，可以让他们去担当师氏的辅佐；那些智意之才，可以让他们去担当冢宰的佐官；那些伎俩之才，可以让他们去担当司空这一个职位；那些儒学之才，可以让他们去担当安民教化类的职位；那些

文章之才，可以让他们去担当修纂国史的职位；那些辩给之才，可以让他们去担当使者的职位；那些骁雄之才，可以让他们去担当将帅的职位。

这就是所说的，君主要有自己的王道，并根据王道，让下面的大臣井然有序。下面的各级官史都能够尽到自己应尽的职责，那么天下太平的局面就会很快实现。要是君主的王道不能够公平待人，而只是像偏才一样，只能起用某一类型的人才，偏才拥有很大的权力，其它的人才得不到重用，这样不利于天下太平的。

"共进退"的士光敏夫

一个企业的发展，与其高层的领导是分不开的。而一个优秀的企业家，只有做到了让职员对公司的发展产生共鸣，其事业才能越做越大。

东芝公司之所以能够做大，和其带头人士光敏夫有很大的关系，而士光敏夫取得成功的秘诀在于"重视人才的开发与活用。"当他已经70岁高龄的时候，他仍坚持着走完所有的东芝分公司。他到工厂里和保卫人员，值班人员沟通，与基层的员工建立了十分深厚的感情。

有一次，士光敏夫在去东芝姬路工厂的路上，天上下起了大雨，当他赶到工厂的时候，没有打伞，就站在雨中和员工们讲话，反复地强调"人是最高贵的"，这样激励士气的话语。

其行为和语言，让在场的职员们十分感动，他们感觉到东芝就是他们的家，他们努力工作，就是在和东芝共进退。

讲完话之后，土光敏夫全身都湿透了，当他要乘车离开的时候，员工们把他的车围住，激动地说："社长，我们一定会努力工作的。"现在我们看起来，东芝能成功，和其关爱员工，及员工们与东芝共进退是分不开的。

第五章 才理

人物志

夫建事立义，莫不须理而定；及其论难，鲜能定之。夫何故哉？盖理多品而人异也。

夫理多品则难通，人才异则情诡；情诡难通，则理失而事违也。

夫理有四部①，明有四家，情有九偏，流有七似，说有三失，难有六构，通有八能。

若夫天地气化②，盈虚损益，道之理也。法制正事，事之理也。礼教宜适，义之理③也。人情枢机④，情之理也。

四理不同，其于才也，须明而章，明待质而行。是故，质于理合，合而有明，明足见理，理足成家。是故，质性平淡，思心玄微，能通自然，道理之家也；质性警彻⑤，权略机捷⑥，能理烦速⑦，事理之家也；质性和平，能论礼教，辩其得失，义礼之家也；质性机解⑧，推情原意⑨，能适其变，情理之家也。

①部：部类。

②气化：古人认为天地万物是由阴阳二气化生而来，这一过程即叫气化。此指万物的生息变化。

③义之理：进止得宜的道理。义：正义，指思想行为符合一定的标准。

④人情：人的感情。《礼·礼运》："何谓人情？喜、怒、哀、惧、爱、恶、欲。"枢机：枢指户枢，机指门闸，枢主开，机主闭。故以枢机比喻事物运动的关键。

⑤警彻：警悟贯通。

⑥权略机捷：谋略机变敏捷。
⑦烦速：烦杂、突如其来的政务。
⑧机解：机巧通达。
⑨推情原意：推测性情，揣摸意味。

凡是要做成某一种事业或者要树立某种名义，都需要根据特定的事理来进行；但是等到辩论的时候，却很难给其下一个定论。这是为什么呢？这是因为世间的事理很多，而且具体的人情又是浩如烟海。

正因为人世间事理有很多种，所以才难以相互连通；正因为人才有各种各样的差异，所以其性情也各有自己的特色。那些性情怪异的人，在事理上很难和他们沟通一致，所以做起事情来，也和一般的人不一样。

那种讲道说理的人才有四种类别，那种明达之士有四大家，那种性情的人才有九种得失，那种似是而非的流别有七种，那种舌辩之士有三方面的失误，那种攻讦诘难的行为会造成六种后果，那种聪慧通达的人才具备八种才能。

天地之间的事物都处在不断的变化之中，月满月缺，祸福转化，这是一个很普通的道理。把法制建设好，处理事情可以公平公正，这是人世间运转的一个常理。把

礼仪制度建设好，使人们进和退都有一定的参考，这是人世间道义运行的常理。喜怒哀乐爱恨情仇，这是人世间人情的常理。

四种道理不相同，对于真正的人才来说，他们的内心之中必须要明达而且整理彰显，明达又要靠不同素质的人才来共同实现。所以，把人的素质和世间的常理相结合，就会产生一种新的东西，那就是明智。明智可以用来认识常理，常理积累到一定的量以后，就可以自成一家。那些天性素质平和淡雅的人，心思缜密思考深奥，能够明晓自然界的规律所在，这样的人才属于道理之家。那些天性素质警觉的人，对权术谋略有着机智的反映，能够把烦乱的政务处理得井井有条，这样的人才属于事理之家。那些天性素质温顺平和的人，对礼仪教化有自己的见解，能够对事务中的是非有一个理性的分辨，这样的人才属于义理之家。那种天性素质机敏灵巧的人，对推演事物的本质有很深的造诣，能够对人的性情变化有一个适当的把握，这样的人才属于情理之家。

张飞之死的启示

张飞字翼德，河北涿郡人，是刘备军事集团的重要成员之一。他曾经"与关羽俱事先主"，一生雄壮威猛，参与过平定吕布，当阳长坂坡大战，进益州的时候，又为平定马超立下了汗马功劳，其"所过战克"。刘备在成都称帝的时候，张飞被任命为"车骑将军"，"领司隶校尉，进封西乡侯"。

虽然张飞是一个有名的战将，可是其身上有着致命的缺点，

人物志

这也导致了其最后的灭亡。他性格暴戾，对部下缺少关爱和抚恤，历史上称其为"爱敬君子而不恤小人"，"暴而无恩"从而导致其部下与其离心离德。刘备也因此告诫过张飞"卿刑杀既过差，又日鞭挞健儿，而令在左右，此取祸之道也。"可是刘备的告诫并没有引起张飞的重视。

蜀汉章武元年（221），刘备出兵东征，征伐孙权，欲攻取荆州，给关羽报仇。张飞也率军一万，准备为关羽报仇。可是，就是在这样的关键时刻，张飞被其部将张达、范疆所杀。两人在杀了张飞以后，带着张飞的人头，去投奔孙权，这都是其平时不恤左右所造成的恶果。

四家之明既异，而有九偏之情；以性犯明，各有得失：

刚略之人，不能理微；故其论大体则弘博而高远，历纤理，则宕往而疏越①。

抗厉之人，不能回挠②；论法直，则括处而公正③，说变通，则否戾④而不入。

坚劲之人，好攻其事实；指机理，则颖灼而彻尽⑤，涉大道，则径露而单持⑥。

辩给之人，辞烦而意锐；推人事则精识而穷理，即大义则恢愕⑦而不周。

浮沉之人，不能沉思；序疏数⑧，则豁达而傲博，立事要，则熸炎⑨而不定。

浅解之人，不能深难⑩；听辩说，则拟锷而愉悦，审精理，则掉转而无根。

宽恕之人，不能速捷；论仁义，则弘详而长雅，趋时务，则迟缓而不及。

温柔之人，力不休强；味道理，则顺适而和畅，拟疑难，则懦懦而不尽。

好奇之人，横逸而求异；造权谲，则倜傥而瑰壮，案清道，则诡常而恢迂。

此所谓性有九偏，各从其心之所，可以为理。

①宕往：豪纵不羁。疏越：粗疏迂阔。

②回挠：屈就退让。

③法直：规章职守。"直"通"职"。括处：约束，检括，制治。

④否（pǐ）戾：阻塞、乖张。

⑤机理：细致的素质。机，通"几"。颖灼：透彻鲜明。

⑥径露：径直刻露。单持：单薄勉强。

⑦恢愕：恢阔直率。

⑧疏数：亲疏远近。

⑨燀（làn）炎：火势蔓延，此指闪烁不定，流宕无依。

⑩难：提问。

拟锷：犹言理解力有限。拟：揣度，估量。锷同"谔"，涯岸，边际。

掉转：反复颠倒。

休强：盛美强大。

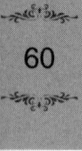

懦懦：柔顺软弱。

人物志

倜傥：卓异豪爽。瑰壮：瑰丽壮美。

案：同"按"，依照。清道：清静无为之道。

上面提到的四家的理论，他们之间是存在差别的，再加上有九种偏才的性情；他们各自的性情都会对道理产生不同的影响，做起事业来也会有不同的得失。

对于那种刚强粗略的人，他们不能够深入地理解细微的差别，所以他们从整体上把握，可以做到广阔博大而又高尚深远，至于细微之处的理解，则会因为粗略而失去。

对于那种高亢激烈的人，他们做事不能够曲折缓和。所以他们谈论法制治国，可以做到依法治国而又公平公正，至于遇事变通方面的理解，则显得顽固而格格不入。

对于那些坚定耿直的人，他们做事实事求是。他们解释某种道理，会做到鲜明透彻，但是如果遇到重大的理念，则显得直白而又单薄。

对于那些巧言善变的人，他们做事反应机敏而又言辞丰富；他们对人情世故，有着自己精湛的见识和理解，但是真正触及到要害所在时显得草率而不周全。

对于那些随波逐流的人，他们做事缺乏深思熟虑；他们对于论亲疏远近，有着自己情怀丰富阔达的一面，但是博大精深的道理，则显得散漫而没有章法，飘忽不定。

对于那些见解肤浅的人，他们做事不能深入其中；他们听到别人辩论演说，思考不全就满足地跟着愉快，但是遇到精妙的理论，则会辗转反侧没有一个自己的判断。

对于那些宽厚大度的人，他们做事不能思维快捷；他们谈到仁义，能做到旁征博引，文雅非常，但是遇到实际的事务，则会行动迟缓而跟不上事态的发展。

对于那些温顺柔和的人，他们做事没有强盛的气度；他们品味道理，能够做到平顺流畅，但是遇到疑难的事理，则会显得软弱滞后而又不利落。

对于那些奇特求异的人，他们做事飘然而又标新立异；创立权谋适应机变，他们能够做到奇特而又瑰丽，但是考察清静之道，则会显得有备常理而恢诞迂阔。

这就是所谓的性情的九种偏差，每一种偏差对不同心性的人各有差别，各自有各自的理念。

没有老百姓就没有国君

一天，齐桓公问管仲："做国君的，应该以什么为最珍贵的？"管仲回答说："做国君的，应该以天作为其最珍贵的。"齐桓公抬头看了看天，不明白管仲的意思。管仲对齐桓公说："臣所说的天，并不是指的苍天。做君主的，应该以老百姓作为其天。老百姓拥护，就会有安宁的国家；老百姓拥护，就会有一个强大的国家；要是老百姓反对，国家就很危险；如果老百姓背弃，

人物志

那国家就要灭亡了。"

一次齐王派使者到赵国,去聘问威后。威后接过书信,还没有打开,就问使者:"今年齐国的收成还好吗?老百姓过得怎么样?齐王现在还好吧!"使者一听威后的话,疑惑不解地问:"我奉齐王的命令,来赵国聘问威后,您不先问候齐王,却先问收成和百姓,这不是把下贱的人放在前面,而把尊贵的放在后面了吗?"

威后却说:"如果没有收成,哪里会有百姓?如果没有百姓,哪里会有国君呢?百姓的生计才是国家的根本,哪里有不先问根本,而先问枝末的呢?"这种民为贵,君为轻的思想,是开明的君主应该具备的素质。

若乃性不精畅,则流有七似①:有漫谈陈说,似有流行者。有理少多端,似若博意者。有回说合意②,似若赞解者。有处后持长,从众所安,似能听断③者。有避难不应,似若有余,而实不知者。有慕通口解④,似悦而不怿者。有因胜情失,穷而称妙,跌则掎蹠⑤,实求两解,似理不可屈者。凡此七似,众人之所惑也。

①七似:七种似是而非的表现。
②回说合意:曲为解说,以合己意。
③听断:听取陈述,做出判断。
④口解:口头表达能理解。
⑤掎(jǐ)蹠(zhí):勉强支撑。掎:拖住,支撑。蹠:跳跃,

蹈,踏。

如果性情不精纯顺畅,其流别就会有七种似是而非的表现:一种表现是漫天谈论却是陈词滥调,好像能够流芳千古。一种表现是看似面面俱到却是繁缛杂乱,好像有广博的含意。一种表现是曲为解说但却是为合己意,好像有很深的领悟。一种表现是躲在人后却是人云亦云,好像是听取别人意见以后再做出评说。一种表现是默不作声却是为了避开难题,好像是学识很广博,而实际上是一无所知。一种表现是敬慕圣人却是学其皮毛,好像是心领神会,而实际上却并没有领悟明晓。一种表现是一味争强好胜却失去了常理,好像是尽得圣人之妙而无语,而实际上已经理屈词穷。以至于胡牵乱扯,强词夺理,好像是十分有道理,而实际上只是他不愿意屈服而已。这七种似是而非的表现,我们一般人特别容易受其影响和迷惑。

国君恩泽下的饿殍

有一次,齐景公出宫游玩,看到路边一具人的尸骨,就问身边的晏子:"这一个人,是怎么死的?"

"是饿死的。"晏子说。"饿死的?难道本王我的恩德少到这样的地步吗?国中竟然有人饿死。"齐景公听了,担心地说。"国君的恩泽,您所有的臣子都看到了,怎么能说您没有恩泽呢?"晏子说。景公觉得晏子的话里面还有话,就问他:"你这话是什么意思呢?"

人物志

"国王您的恩泽很广大，后宫的亭台水榭，笼子里的鸟儿，都受到过您的恩泽，后宫的一草一木，您都细心地给予他们恩泽，怎么能说您没有恩泽呢？"

"不过，臣觉得，国君应该把您的恩泽再扩展一下，让宫外的百姓也受到您的恩惠，让他们不会饿死。如果不推广这种恩泽，而任意挥霍浪费，仓里面的粮食都烂了，也不给百姓吃，那么就凶险了。夏桀和商汤的灭亡，就是因为没有给百姓恩泽，老百姓才起来造反的。"

从这个故事中，我们可以看到，齐景公虽然昏庸，但是还有那么一点反省的意思，因此，晏子也有了用武之地。

夫辩，有理胜，有辞胜。理胜者，正白黑[1]以广论，释微妙而通之；辞胜者，破正理以求异，求异则正失矣。

夫九偏之才，有同、有反、有杂。同则相解，反则相非，杂则相恢[2]。故善接论者，度所长而论之；历之不动，则不说也，傍无听达则不难也。不善接论者，说之以杂、反；说之以杂、反，则不入矣。善喻者，以一言明数事；不善喻者，百言不明一意；百言不明一意，则不听也。是说之三失也。

善难者，务释事本；不善难者，舍本而理末。舍本而理末，则辞构[3]矣。善攻强者，下其盛锐，扶其本指[4]，以渐攻之；不善攻强者，引其误辞以挫其锐意。挫其锐意，则气构[5]矣。

①白黑：指是非曲直。
②解：融合。非：排斥。恢：宽容。

③辞构：构成争论。

④本指：即本旨。

⑤气构：构成意气用事。

对于辩论来说，有的是依靠道理来取得胜利的，有的是依靠辞藻来取得胜利的。依靠道理取得胜利的，先是分出是非黑白，而后再进一步展开论述，阐述其中的微妙的道理，最后把道理讲明白。依靠辞藻取得胜利的，打破事理以求新异，在追求新异的过程中，也就失去了世间的正理。

九种偏才，有才能相同的，有才能相反的，有两相交叉的。才能相同的就可以做到相互融合，才能相反的就会相互排斥，才能交叉的可以做到相互包容。因此，对于那种善于辩论的人，在辩论之前，要先估量一下对手的才能再去辩论。如果辩论打动不了对手，就不要再辩论下去。周围没有明白的人，就不要再为难对手。对于那种不羞于辩论的人，如果用相反或者相杂的内容去辩论，是不太明志的。要是用相反或者相杂的内容去争论，是很难让对手接受自己观念的。对于那种善于开导别人的人，他们的一句话，就可以说出许多的道理来；那种不善于开导人的人，即使说上一百句，也说不明白一个道理，虽然说了

许多的话，却没有达到自己想要的效果，别人也就听不进去。这是辩论中的三种偏失。

对于那种善于解答问题的人，他们一定会把事物的根本解释清楚；那种不善于解答问题的人，往往抓不住事物的关键所在，就会出现争论不休的情况。那种善于驳论的强手，他们能够避开对手的锐气，认清对手的主要观点，而后展开一轮一轮的辩论。不善于辩论的，只是引用对手言语中的失误之处，来挫败对手的锐气，这样的结果只能使双方都各执一词，谁也不服谁。

识人用的八观

对于用人识人的秘诀，魏征对李世民说："富则观其所养，居则观其所好，习则观其所言，穷则观其所不受，贱则观其所不为。因其才而取之，审其能以任之。用其所长，掩其所短。"

魏征说的"六观"，最早可以上溯到《吕氏春秋》，里面记载了看人识人的"八观"要诀。《吕氏春秋》中的"八观"包括：

第一观，通则观其所礼。第二观，贵则观其所进。第三观，富则观其所养。第四观，听则观其所行。第五观，止则观其所好。第六观，习则观其所言。第七观，穷则观其所不受。第八观，贱则观其所不为。

在以上所提到的八观中，至少要占据其中的六条，才能算是本质好的人才。如果只占据五条，也仅仅算是一个及格的分数。五条以下的，就不能再算是人才。

人物志

善蹑失者，指其所跌①；不善蹑失者，因屈而抵其性。因屈而抵其性，则怨构②矣。

或常所思求，久乃得之，仓卒谕人；人不速知，则以为难谕。以为难谕，则忿构③矣。

夫盛难④之时，其误难迫。故善难者，徵之使还；不善难者，凌而激之，虽欲顾藉，其势无由。其势无由，则妄构⑤矣。

凡人心有所思，则耳且不能听。是故，并思俱说，竞相制止，欲人之听己。人亦以其方思之，故不了己意，则以为不解。人情莫不讳不解，讳不解则怒构⑥矣。

凡此六构，变⑦之所由兴也。然虽有变构，犹有所得；若说而不难，各陈所见，则莫知所由矣。

①蹑（niè）：追随。跌：此指失误的要害。
②怨构：构成怨恨。
③忿构：构成忿争。
④盛难：争论激烈。
⑤妄构：构成放诞胡言。
⑥怒构：构成愤怒。
⑦变：此指争论，辩论。

那种善于追踪的人，他们能抓住对手失误的根本所在；那种不善于追踪的人，只是利用对手理屈而挫败对手，这样做的后果，就是让双方的怨恨越来越深。

那种常常有所思考，但是花了很长时间才想明白，而后就仓促地去对别人讲；如果别人没有尽快理解他的意思，他就会认为不理解他。一旦认为别人不能理解他，就会构成忿争。

双方正在激烈辩论的时候，是很难让任何一方停下来，承认自己的观点是错误的。因此，那种真正善于辩论的人，会驳倒对方的观点，让他倒向自己；那种不善于辩论的人，一味地冲撞，使对手更加激动，就算对手放弃了原来的观点，也没有一个回旋的余地。对手失去了认错的机会，就会更加偏激地胡言乱语。

当人在一心一意思考的时候，由于特别专注，就听不到对方的声音。所以，双方在辩论的时候，各自思考各自的，各自论述自己的观点，彼此都干扰对手，都要对手跟从自己的思路。然而对方正在思考问题的原因，不能够一时明白其意思，就会以为对方不能理解自己的观点。人们都忌讳别人给自己讲自己不理解的观点，一旦犯了别人的忌讳，也就使得对方生气不已。

这六种结果，都是由于辩论而引起的。虽然，辩论会引起上面提到的六种结果，但是，辩论还是有其收获的。要是我们一味的各自表述自己的观点，而不去辩论，那么就不知道什么是对的，什么是错的。

李克的识人标准

在司马迁的《史记》中，有这样一段记载：魏文侯需要一个丞相，在他的面前有两个可供选择的对象。一个是魏成子，另一个人是翟璜。这两个人都十分的有才干，魏文侯不知道到底该选谁，于是，他就去问近身重臣李克。李克是一个聪明的人，

人物志

他想了一想说:"臣为君上准备了五条识人用人的标准,君上可以权衡其长短。"于是,魏文侯根据李克的意见,让魏成子做了丞相,后来魏国在战国初期,成为一个强国,连秦国也对其敬畏三分。

李克给魏文侯的五条识人的标准是:

第一条,"居视其所亲"。

这句话的意思是,识别一个人才,就要看他平时都和什么样的人来往。俗话说的"物以类聚,人以群分",就是这个意思。从他所交往的人,就可以看出其是怎么样的一个人。

第二条,"富视其所与"。

这句话的意思是,识别一个人才,就要看他有钱了以后,都把钱用在了什么地方。在金钱之中,最可以看到一个的本性。

第三条,"达视其所举"。

这句话的意思是,识别一个人才,就要看他发迹之后,都推举什么样的人。如果他举荐的,都是贤能的人,那么其也必定是一个真正的人才。

第四条,"穷视其所不为"。

这句话的意思是,识别一个人才,就要看他处于困境的时候,能不能严格要求自己,做什么不做什么。

第五,"贫视其所不取"。

这句话的意思是,识别一个人才,就要看他穷苦的时候,是不是还能遵守道德操守。

由此论之,谈而定理者,眇①矣。必也:聪能听序,思能造端②,明能见机③,辞能辩意,捷能摄失④,守能待攻,攻能夺守,夺能易予⑤。兼此八者，然后乃能通于天下之理，通于天下之理，则能通人矣。不能兼有八美，适有一能，则所达者偏，而所有异目矣。

是故：聪能听序，谓之名物⑥之才。思能造端，谓之构架⑦之才。明能见机，谓之达识之才。辞能辩意，谓之赡给⑧之才。捷能摄失，谓之权捷⑨之才。守能待攻，谓之持论之才。攻能夺守，谓之推彻⑩之才。夺能易予，谓之贸说之才。

通才之人，既兼此八才，行之以道，与通人言，则同解而心喻；与众人言，则察色而顺性。虽明包众理，不以尚人；聪叡资给，不以先人。善言出己，理足则止；鄙误在人，过而不迫。写人之所怀，扶人之所能。不以事类犯人之所婟，不以言例及己之所长。说直说变，无所畏恶。采虫声之善音，赞愚人之偶得。夺与有宜，去就不留。方其盛气，折谢不吝；方其胜难，胜而不矜；心平志谕，无适无莫，期于得道而已矣，是可与论经世而理物也。

①眇：通"渺"，很少。

②造端：发明创造。

③机：事物变化的关键、根由。

④摄失：抓住失误所在。

⑤易予：用"以子之矛攻子之盾"的方法让对方陷于被动。

⑥名物：辨别事物的名称。

⑦构架：创设。

⑧赡（shàn）给（jǐ）：言语敏捷，辞令丰富。赡，丰富，

充足。给，言语敏捷。

⑨权捷：机变敏捷。

⑩推彻：进取。

贸说：指论说过程中立论，驳论双方地位的变换。贸，变易。

尚人：凌驾于人。

写：通"泻"，表达。

姻（hù）：隐私，忌讳。

无适无莫：对人对事没有偏颇，无所厚非。《论语·里仁》："君子之于天下也，无适也，无莫也，义之于比。"疏曰："适、厚也。莫，薄也。"

经世而理物：管理社会，治理自然。

由此我们可以得出一个结论，那就是只是陈述一下，而不经过辩论就形成一个定论的情况很少。要想做到这一点，一定要善于聆听和分辨周围事物发展的次序，经常思考有所发明创新，使自己的智慧能够分辨出变化的根由所在，语言要能够表达清楚自己内在的意思，反应要机敏，能及时发现错误所在，要善于防备，能抵御对手的攻击，要勇敢出击突破对手的防线，辩论要善于用"以子之矛攻子之盾"的方法，让对手处于被动。只有具备上面所说的八种能力，才能够知晓世间的情理，知晓情理才能够说服他们。不具备这八种能力，而只是具备其中的一种能力，他的境界也是一种偏颇的，只能取得一定的成就。

所以，聪敏可以分辨世事发展的次序，聪敏的人才也被称之为辨别事物的人才；思维能够进行发明创造，善于思维的人才也被称之为创设的人才；明智可以辨出事物变化的根由所在，

人物志

善于发现根本所在的人才也被称之为有见识的人才；语言机敏辩论有道，这样的人才被称作能言善辩的人才；机变灵活可以避免失误，这样的人才被称作机变持论的人才；反驳辩论可以克敌制胜，这样的人才被称作为善于进取的人才；能够运用"以子之矛攻子之盾"的方法，让对手陷于被动，这样的人才被称之为可以改变双方地位的人才。

通才的人，可以集八种才能于一身，这样的人能够根据法则，在现实世界中推行他的想法。和有学问的人沟通，在认识上达成共识而两心相悦；和普通人沟通，很容易发现其性格脾气，虽然心中已经明白了许多，却不压低他们。真正聪明有大智慧的人，不会以自己的智慧去争着显示自己，只几句话把道理讲明白，就不再说许多的言语。看到别人的错误，告诫自己不去犯同样的错。说话时表达出对别人的关心，赞美和肯定别人的优点和长处。不因为一些事，去揭露别人的隐私。不去一味地夸大自己的优点和长处。而对怪诞的言论，要勇于去发表自己正直的观点。听取他们的苦口良言，赞美愚人好的心得体会。进与退都有章法，该进就进，该退就退。当别人无端指责自己时，没有必要过度的计较。当自已取得胜利的时候，不必过于矜持。心性平和，对人对事没有偏颇，无所厚非，只要符合道义也就可以了。这样的人，就可以与他一起管理社会，治理自然。

唐太宗的"扬长避短"

有一天,李世民对长孙无忌等人说:"人们都想知道自己的过失在那里,可是却很少有人能自己看出来,你们能告诉朕,朕有什么过错的地方吗?"长孙无忌说:"陛下的文治武功,我们这些做臣子的,赞扬还来不及,又有什么过错可以说的呢?"李世民说:"朕想让你们说朕有什么过错的地方,可是你们却一味的迎合朕的意思,让朕高兴。既然你们不想说,那朕就在这大殿之上,说一说你们在座各位的长处与短处,也好让你们有一个改正的参考,你们说好不好。"众臣子赶快跪下来磕头,听李世民的教导。

李世民说:"长孙无忌能够避开嫌疑,对答机敏而又灵活,遇事果断,这一点超过了古人,但是,带兵打仗不是他的长处。高士谦读过许多的书,心术正直,在艰难面前也不改其气节,是一个正人君子,但是,他却少了一份直言规谏的气势。唐俭言语敏捷而又善于辩论,他十分善解人意,但是,他在朕的身边30年,却很少说过朝政的得失。杨师道性格温柔和顺,他自身很少有什么过失的地方,但是他性格怯弱,急切的事情,不能交给他。岑文本性情朴实宽厚,写得一手好文章,但是,其事事引经据典,与整理不合……"

从这一段话中,我们就能看出来,对于自己身边的臣子,他十分了解其长处和短处,这也使得李世民可以扬长避短,而最终有很大的作为。

第六章

才能

人物志

或曰：人才有能大而不能小，犹函牛之鼎不可以烹鸡①。愚以为此非名②也。夫能之为言，已定之称；岂有能大而不能小乎？凡所谓能大而不能小，其语出于性有宽急③；性有宽急，故宜有大小。宽弘之人，宜为郡国④，使下得施其功，而总成其事；急小之人，宜理百里⑤，使事办于己。然则郡之与县，异体之大小者也；以实理宽急论辨之，则当言大小异宜，不当言能大不能小也。若夫鸡之与牛，亦异体之小大也，故鼎亦宜有大小。若以烹犊⑥，则岂不能烹鸡乎？故能治大郡，则亦能治小郡矣。推此论之，人才各有所宜，非独大小之谓也。

夫人才不同，能各有异：有自任⑦之能，有立法使人从之之能，有消息辩护⑧之能，有德教师人之能，有行事使人谴让⑨之能，有司察纠摘之能⑩，有权奇之能，有威猛之能。

①函：包容，容纳。鼎：三足两耳的容器。
②非名：此指概念不清。名，事物的称号。
③宽急：宽弘大量与急躁狭小。
④郡国：汉初郡和王国同为地方高级行政区划。郡直隶中央，王国是古代侯王的封地，由分封的诸王统治。王国区域相当于后来的郡，故郡国连称。此指较大些的地方区域。
⑤百里：古时一县辖地约百里，因以百里为县之代称。
⑥犊：小牛。
⑦自任：洁以修身，自我修养。
⑧消息辩护：周旋调停，精明强干。

人物志

⑨谴让：谴，责备。让，谦让。此指督责。
⑩纠摘：矫正指斥。
　权奇：权变奇谲。

　　有的人说，人才可以大却不可以小，这就好像盛牛的大鼎一样，它却不能够用来煮鸡。我认为这一种说法不正确。才能只是一个名称而已，哪里有只包含大的才能，而不包括小的才能的呢？所说的才能可以大而不可以小，这样的说法是因为人的心性有大和小的原因。宽宏大量的人适应力就大，急躁狭隘的人适应力就小。度量大的人，可以去治理郡国，协调上下级之间的关系，把集体的能力发挥出来，从而成就一番事业。
　　度量小的人，只能去治理一个小县，大大小小的事情，都自己亲自去办。可是，郡和县之间，只是范围的有大有小罢了。从道理上讲，如果用宽缓急躁来论述它，就可以说是大与小的不同，不可以说是才能可以大而不能小。把鸡和牛放在一起做比

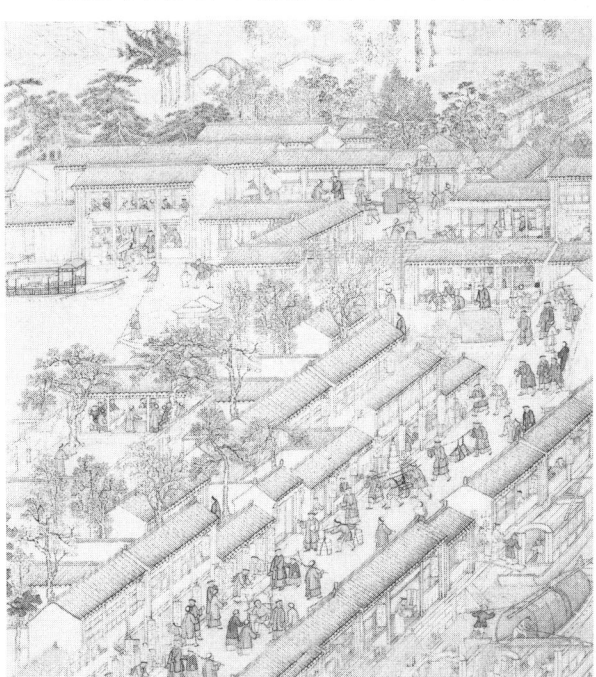

较,他们只是因为体积大小不一样,所以用来烹煮的鼎才有大有小。如果鼎可以用来烹煮牛,难不成就因鼎大,就不可以用来煮鸡吗?所以,能够治理郡国的人,也可以治理小县。

从而我们可以明白,人才的区别,只是各方优势的不同,并不是用大与小可以一概而论的。不同类型的人才,他们的能力也各不相同。有的人才可以洁身自好,有的人才可以定立法制,让他们服从;有的人才能够治理一方,办成许多实际的事情;有的人才能够察查政务,分辨真伪得失;有的人才能够巧设机关,标新立异;有的人才威武勇猛,可以去沙场建功立业。

诸葛亮的"七观法读心识人"

诸葛亮是后汉三国时期,一个很有名的军事家,政治家。他为刘备集团的大业,立下了汗马功劳。其形象也被一再神话演绎,成为一个家喻户晓的人物。其在识人用人方面的建树,也是他成就事业的原因之一,即使有马谡失街亭的反面例子。诸葛亮在他的《心书》一文中,对于怎么识人有一种七观法,留传于后世。

第一观,问之以是非而观其志。即是从其判断是非的方面,看其是不是真的有大的志向。

第二观,穷之以辞辩而观其变。即是给其一些很尖锐的问题,看其是怎么样应对的。

第三观,咨之以计谋而观其识。即是就一个大的问题,向他询问解决的办法,看其解决问题的能力。

人物志

第四观，告之以祸难而观其勇。即是在困难面前，看他有没有勇敢面对的勇气和较强的心理素质。

第五观，醉之以酒而观其性。即是给他喝好酒，看其酒后的变化及其本性的流露。

第六观，临之以利而观其廉。即是眼前有许多的金银财宝的时候，看他是不是真的清正廉洁。

第七观，期之以事而观其信。即是托他办一件事情，看他是不是讲信用。

夫能出于才，才不同量；才能既殊，任政亦异。是故：自任之能，清节之才也。故在朝也，则冢宰①之任；为国，则矫直②之政。立法之能，治家之才也。故在朝也，则司寇③之任；为国，则公正之政。计策④之能，术家之才也。故在朝也，则三孤⑤之任；为国，则变化之政。人事⑥之能，智意之才也。故在朝也，则冢宰之佐；为国，则谐合之政。行事之能，谴让之才也。故在朝也，则司寇之佐；为国，则督责之政。权奇之能，伎俩⑦之才也。故在朝也，则司空⑧之任；为国，则艺事之政。司察⑨之能，臧否之才也。故在朝也，则师氏⑩之佐；为国，则刻削之政。威猛之能，豪杰之才也。故在朝也，则将帅之任；为国，则严厉之政。

①冢宰：官名。为六卿之首，辅佐天子。详见本书《流业》的注释。

②矫直：矫枉反正。

③司寇：官名。掌管刑狱、纠察等事。详见《流业》注释。

④计策：计谋策略。

⑤三孤：即少师、少傅、少保。为三公之副。

⑥人事：人情事理，人际交往。

⑦伎俩：技能。

⑧司空：官名。掌管工程的官。

⑨司察：监督，督察。

⑩师氏：官名。简称师。统兵之官。

刻削之政：推行峻切严明的政治。

一个人的能力来源于其不同的才质，每种才质的侧重点是不同的。人的才能不一样，他在政事中所担当的职位也不一样。所以，那种洁身自好的人，他们是清廉节俭的人才。因此，到了朝廷里面，便可任冢宰的职务，治理国家，则采用矫枉反正的方式。那种能让人信服的人，他们是法家的人才。因此，到了朝廷，便可任司寇的职务，治理国家则采用秉公执法的方式。那种有计谋与策略的人，他们是术家的人才。因此，到了朝廷，便可任三孤的职务，治理国家则采用灵活多变的方式。那种通晓人情事理的人，他们是智慧有见识的人才。因此，到了朝廷，便可任辅佐冢宰的职务，治理国家则采用和谐的方式。那种关于处理事件的人，他们是惩恶扬善的人才。因此，到了朝廷，便可任辅佐司寇的职务，治理国家则采用督察职责的方式。那种技巧奇特的人，他们是工艺技能之才。因此，到了朝廷，便

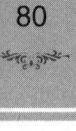

可以任司空的职务，治理国家则采用推广技术的方式。那种监察司法的人，他们是褒贬善恶的人才。因此，到了朝廷，便可任辅佐师氏的职务，治理国家则采用峻切严明的方式。那种威武雄壮的人，他们是豪迈杰出的人才。因此，到了朝廷，便可任将帅的职务，治理国家则采用严厉果敢的方式。

福特求贤若渴买公司

福特公司是美国一家巨大的汽车公司，其业务已经发展到整个世界。其事业能做这么大，与其公司的领导重视人才，求贤若渴分不开的。

有一次，福特公司里的一台发动机坏了，这台发动机对公司很重要，可是公司的好多技术人员，都没有办法解决这个问题。这直接影响了公司的正常生产，公司只好去外面请人来帮着寻找问题。一个名叫斯坦曼的技师，来到发动机的跟前，看

人物志

了一会儿,又听了听发动机运转时候的声音,马上就明白了这其中的问题。"发动机里面的线圈,多出了十六圈,把这十六圈线圈去了以后,发动机马上就能恢复正常了。"果然如斯坦曼所言。福特很高兴,就想把这个人才留住,可是斯坦曼是一个讲信用的人,他已经和他的公司有合约。

求贤若渴的福特,想出了一个办法,那就是他把斯坦曼所在的公司,给收购到了福特公司的名下。这样,斯坦曼只好跟着过来了,福特就这样得到了他想要的人才。

福特为了一个斯坦曼,而不惜重金收购了一个公司,其求贤若渴的举动,也就很容易让人理解。因为在市场竞争中,人才是一个很重要的因素,一个公司是否能留住人才,直接决定了公司的发展和效率。

凡偏才之人,皆一味之美;故长于办一官,而短于为一国。何者?夫一官之任,以一味协五味;一国之政,以无味和五味①。又国有俗化②,民有剧易;而人才不同,故政有得失。是以:

王化之政,宜于统大,以之治小,则迂③。

辨护之政,宜于治烦,以之治易,则无易④。

策术之政,宜于治难,以之治平,则无奇。

矫抗之政,宜于治侈,以之治弊,则残⑤。

谐和之政,宜于治新,以之治旧,则虚⑥。

公刻之政,宜于纠奸,以之治边⑦,则失众。

威猛之政,宜于讨乱,以之治善,则暴。

伎俩之政,宜于治富,以之治贫则劳而下困。

人物志

故量能授官，不可不审也。

凡此之能，皆偏才之人也。故或能言而不能行，或能行而不能言；至于国体之人，能言能行，故为众才之隽⑧也。人君之能异于此：故臣以自任为能⑨，君以用人为能；臣以能言为能，君以能听为能；臣以能行为能，君以能赏罚为能；所能不同，故能君⑩众才也。

①五味：酸、苦、辛、甘、咸。此处比喻各方面人才。
②俗化：陋俗与教化。
③迂：迂阔，不切实际。
④易：变化。
⑤残：伤害，败坏。
⑥虚：与实相对，不合实际。
⑦边：边境。
⑧隽：才智出众。
⑨自任为能：亲自办事的能力。
⑩君：作动词，统治，支配。

凡是怀有偏才的人，都具有某一方面的特殊才能；因此，他们能够担任某一方面的官职，却不能够治理一个国家。这是什么呢？这是因为，担任某一方面的官职，就好像是一种味道去调和五味。然而治理一个国家，是用无味去包容五味。更何况一个国家陋俗与教化并存，百姓也有强悍与温顺之别，各方面的人才也不同，所以办起政务来就会有得失。所以：

人物志

用王化来治理国政，只适合全局统筹，用它来治理小的事情，就显得迂阔不切实际。用辨护来治理国政，只适合治理繁乱，用它来治理简单的事，就显得变化不大。用策术来治理国政，只适合治理国难，用它来治理平和的事，就显得不新奇。用矫抗来治理国政，只适合整顿奢侈，用它来治理衰敝，就会败坏国家。用谐和来治理国政，只适合国家新兴时使用，国家衰败时用它来治理，就会显得不合实际。用公刻来治理国政，只适合纠察奸谬，用它来治理国境，就会丧失民心。用威猛来治理国政，只适合讨伐叛乱，用它来治理善民，就会显得惨无人道。用伎俩来治理国政，只适合国家富裕时，用它来治理贫困，就会使百姓困顿。所以要根据人才的类型，来给他官职，一定要审之又审。

凡是这几种类型的人才，都是具有偏才的人。他们有的人擅长言论，却不擅长去做事；有的擅长做事，却不擅长言论。至于国体这种类型的人，他们能说也能做，所以他们是众才中的极品。君主的才能，和他们不一样。臣子以能办事算是有才能，而君主是以擅长用人而为其才能。臣子以能言为其才能，而君主则以能听为其才能。臣子以能实施政事为其才能，而君主以赏罚为其才能。君主和臣子的才能不一样，所以君主可以支配不同的人才。

曾国藩"散步识人"

曾国藩是晚清时期一个重要的封疆大吏，他为官清廉，举人唯贤。其为清廷举荐了不少的人才。左宗棠、李鸿章、冯子材等都是他发掘出来的人才。

有一次,李鸿章来拜访曾国藩,身边带过来三个人。那时候,曾国藩正在散步,他有饭后散步的习惯,所以李鸿章没有去打扰他,就和三个人在一边等着。等到曾国藩散步结束以后,李鸿章就要向他举荐这三个人,曾国藩却说不用了,他已经心里有数了。李鸿章很惊讶。曾国藩说:"那三个人,我刚才已经看过了。一个低头不语,十分谨慎,是一个忠厚沉默的人,可以给他一分保守的差事;一个看见我就毕恭毕敬,我一转身就左顾右盼,这是一个阳奉阴违的小人,不能用。别外那一个,双目有神心中自有主意,看他以后的功名,不在你我之下,他可以委以重任。"

果不出曾国藩所料,第三个人后来就是台湾的第一任巡抚刘铭传,为台湾的发展立下了汗马功劳。在散步的时候,通过一些细致的观察,就能看出一个人是不是人才,其强大的识人用人的能力,也是曾氏能在那样一种环境中,有所建树的重要原因之一。

第七章

利害

人物志

盖人业之流，各有利害：

夫清节之业，着于仪容，发于德行；未用而章①，其道顺而有化。故其未达也，为众人之所进；既达也，为上下之所敬。其功足以激浊扬清，师范僚友。其为业也，无弊而常显②，故为世之所贵。

法家之业，本于制度，待乎成功而效③。其道前苦而后治，严而为众④。故其未达也，为众人之所忌；已试也，为上下之所惮⑤。其功足以立法成治。其弊也，为群枉之所雠⑥。其为业也，有敝而不常用，故功大而不终⑦。

术家之业，出于聪思，待于谋得而章。其道先微而后着，精而且玄。其未达也，为众人之所不识。其用也，为明主之所珍⑧。其功足以运筹通变。其退也，藏于隐微。其为业也，奇而希用，故或沉微而不章。

①章：同"彰"，显示。
②显：显达。
③效：成效，有效。
④严而为众：严厉是为了大众。
⑤惮：畏惧。
⑥雠：同"仇"，仇恨，仇敌。
⑦终：善终。
⑧珍：即"珍"，珍视，珍贵。

凡是人所做的事业，都有利和有害的一面。那种清正廉节

人物志

的事业，从仪容上就可以表现出来，它发愿于德行，还没有实施就自然而然地彰显出来，治理起来畅通无阻而又抚育万物。所以，当这样的事业发展起来的时候，众人都愿意为之出力，其成功之后，上上下下都对其感到敬佩，它的业绩足可以激浊扬清，成为同僚和朋友的楷模。其作为一种事业，没有弊病而且能长久的兴旺，所以世人都认为其很珍贵。

那种法家的事业，其根本在于制定一大套法律制度，只有成功之后才能切实地看到效果。它的治国安邦之道，是刚开始的时候很辛苦，等到后面才会安定，虽然很严厉，却是为了民众的利益。当其还没有成功的时候，百姓会猜忌它，而一旦法令实施以后，上下下下的人都感到畏惧。其功业在于，能够设立一整套法令制度，对于一个国家的长治久安来说，是有很大的益处的。其弊病在于被其惩罚过的人都仇视它。它作为一种事业，经常被遮盖起来，而得不到重用，所以其功劳虽大，但是常常不得善终。

那种术家的事业，来源于聪慧多思，其作用等到谋略成功之后，方才能显露出来。它的治国安邦之道，刚开始的时候藏而不露，等到事业成功之后，才被人们所知。其理深奥而玄妙。当它还没有成功的时候，是没有办法让众人认识它的。当一个贤明的君王重视它时，它才能在世间实施。术家的功业足以运筹帷幄，通达识度。当它退隐之时，又深藏不露。它作为一种事业，一般很少使用，所以经常沉没隐蔽而不显露出来。

秦昭王为招引人才五跪得范睢

人才对一个国家来说，十分重要。但是，招引人才并不是一件十分容易的事情。秦昭王有着自己的雄心壮志，想要让秦国一统天下。可是身边缺少人才，为了招引贤士，秦昭王可是下了一番苦功。

范睢原来是一个隐士，他熟读兵书战策，是一个很有战略眼光的相才。秦昭王听说后，就去拜访他。他一见到范睢就让左右的仆人都退下，于是他跪下来对范睢说："请先生教我治国安邦的策略。"但是，范睢却支支吾吾，想要对秦昭王说些什么，可是话到嘴边又咽了回去。秦昭王捕捉到了这一细节。就给范睢"第二次""第三次"的跪下。并诚恳地与范睢交谈。当秦昭王第三次跪下的时候，就已经打动了范睢。范睢于是就把不愿出山的顾虑告诉了昭王。秦昭王第四次给范睢跪下说："先生不要有什么顾虑，我是真心来向先生请教的。"范睢心中还有不放心，就试探着对秦昭王说："大王的计策也会有失败时候，何况我一个布衣呢？"秦昭王听出了范睢有出山的意思，就抓住机会，第五次给他跪下，这一次范睢真的被打动了，于是出山辅佐昭王。

人物志

智意之业，本于原度①，其道顺而不忤②。故其未达也，为众人之所容矣；已达也，为宠爱之所嘉。其功足以赞明计虑③。其蔽也，知进而不退，或离正以自全。其为业也，谞④而难持，故或先利而后害。

臧否之业，本乎是非，其道廉而且砭⑤。故其未达也，为众人之所识；已达也，为众人之所称。其功足以变察是非。其蔽也，为诋诃⑥之所怨。其为业也，峭而不裕⑦，故或先得而后离众。

伎俩之业，本于事能⑧，其道辨而且速。其未达也，为众人之所异；已达也，为官司之所任。其功足以理烦斜邪。其蔽也，民劳而下困。其为业也，细而不泰，故为治之末也。

①原度：推原测度。原：本原，根本。度：法度，标准。
②忤（wǔ）：不顺从，违背。
③赞明计虑：大意是佐助明主，工格思虑。
④谞（xǔ）：才智，计谋。
⑤砭（biān）：古代治病用的石针，或指用石针扎皮肉治病。引申为刺，规谏，救治。
⑥诋（dǐ）诃（hē）：毁谤、斥责。
⑦峭而不裕：严厉而不宽容。
⑧事能：事务技能。

那种智意的事业，来源于推原测度。它的治国安邦之道温顺而不忤逆。所以，当它发达的时候，很容易被人们所接纳，事业成功之后，又会被爱戴它的人倍加推崇。其功绩足可以辅佐明君深思熟虑，它的弊病在于只知道向前进，而不知道隐藏以自保其身。其作为一种事业，才能足备但是却难以长久维持，所以时常是先得利而后招来祸害。

那种臧否的事业，来源于是与非。它的治国安邦之道清廉而救治。所以，当它成功的时候，容易被一般人接受，显达之时，又为众人所称赞。其功业足可以分辨善恶明断是非。其弊病在于易遭毁谤的人怨恨。其作为一种事业，严厉而缺乏宽容，所以时常先被人赞赏，后来又被人冷落。

那种伎俩的事业，来源于事务技能。它的治国安邦之道诡辩而神速。所以，当它未成功的时候，人们会感到惊奇，而一旦成功了，就会被朝廷委以重任。其功业可以把繁冗的事务变得轻巧而便利。其弊病在于，会使得百姓劳顿而地位低下的人忙于劳作。其作为一种事业，虽然细致却不能使国家太平，所以是治国安邦的最下策。

刘备三顾茅庐

东汉末年，天下大乱，汉朝的政权已经名存实亡。曹操占据北方，挟天子以令诸侯葛，孙权承接兄长之业占据江东，刘备势弱，后听了徐庶和司马徽的举荐，知道诸葛亮是一个很有才能的人，于是就和关羽张飞一起到隆中去请诸葛亮。

第一次去的时候，正好诸葛亮不在家,刘玄德只好失望而归。

人物志

第二次去的时候，兄弟三人冒着大雪到隆中，可是诸葛亮又不在家中。于是，刘备就给诸葛亮留下一封书信，表达出了对诸葛亮的仰慕，希望他能出山救国救民。第三次去的时候，刘备先是斋戒三天，再去隆中。诸葛亮这时正好在家中睡觉，刘备没有惊动，而是和关羽张飞一起等着。终于诸葛亮被刘备的诚意所感动，于是决定出山帮助他成就大业。

后来三国演义把刘备请诸葛亮的事，叫做"三顾茅庐"。而后来蜀汉的建立及刘备死后，诸葛亮一次次的北伐，实际上就是为了回报刘备的诚意和知遇之恩。其在《出师表》中写道："先帝不以臣卑鄙，猥自枉屈，三顾臣于草庐之中"。

第八章

接识

人物志

夫人初甚难知,而士①无众寡,皆自以为知人。故以己观人,则以为可知也;观人之察人,则以为不识也。夫何哉?是故,能识同体②之善,而或失异量③之美。何以论其然?

夫清节之人,以正直为度④,故其历⑤众才也,能识性行之常,而或疑法术之诡⑥。

法制之人,以分数⑦为度,故能识较方直之量⑧,而不贵变化之术。

术谋之人,以思谟⑨为度,故能成策略之奇,而不识遵法之良。

器能⑩之人,以辨护为度,故能识方略之规,而不知制度之原。

智意之人,以原意为度,故能识韬谞之权,而不贵法教之常。

伎俩之人,以邀功为度,故能识进趣之功,而不通道德之化。

臧否之人,以伺察为度,故能识诃砭之明,而不畅倜傥之异。

言语之人,以辨析为度,故能识捷给之惠,而不知含章之美。

①士:读书人,相当于今天的知识分子。
②同体:同一类型的人。
③异量:不同类型的人。

④度：选择。

⑤历：选择。

⑥诡：欺诈，奸猾。

⑦分数：规矩、道理。

⑧方直之量：规矩本分的人才。

⑨思谟（mó）：思考，谋划。

⑩器能：器重，才能。

规：谋划。

以原意为度：以揣摩推测本意为标准。

韬谞：谋略、才智。权：变通，机变。

进趣：即进趋。

伺察：侦视，观察。

诃砭：怒斥，规谏。

倜（tì）傥（tǎng）：洒脱不拘。

捷给（jǐ）：言语便捷。

含章：含美于内。

人和人接触，刚开始的时候是很难了解对方的，读书人不管其才能大与小，都自认为能够知人。所以，从自己的角度去观察人，就认为已经了解人。当看到别人在观察的时候，就会认为别人不会识人。这是什么原因呢？这是因为，可以识别同一类型人的长处，却不能识别类型之外人的优点。为什么这么说呢？

对于那种清节的人来说，他们以正直作为法度，所以他们

人物志

选择人才的时候，挑选那些性格品德恒定的人，但是，他们不了解奇谋的多变与诡诈。

对于那种法制的人来说，他们以规矩事理作为法度，所以他们可以选择规矩本分不善于变化的人才。

对于那种术谋的人来说，他们以思考谋划作为标准，所以他们选择人才的时候，挑选那些有策略奇谲的人，但是，他们不赏识规矩本分的人。

对于那种器能的人来说，他们以精明强干作为尺度，所以他们选择人才的时候，挑选那些识别计谋策略的人，但是，他们却不了解法律制度的重要性。

对于那种智意的人来说，他们以推测揣摩作为依据，所以他们选择人才的时候，挑选那些识别韬略权变的人，但是，他们却不了解法制教化的关键所在。

对于那种伎俩的人来说，他们以立功成名为宗旨，所以他们选择人才的时候，挑选那些热衷进趋的人，但是，他们不通晓道德德教化的作用。

对于那种臧否的人来说，他们以监督考察为准则，所以他们选择人才的时候，挑选那些讦直规谏的人，但是，他们不喜欢潇洒不拘的作风。

人物志

对于那种言语的人来说，他们以辩文析理为规矩，所以他们选择人才的时候，挑选那些言语机敏的人，但是，他们不知晓含蓄优雅的妙处。

筷子与周亚夫

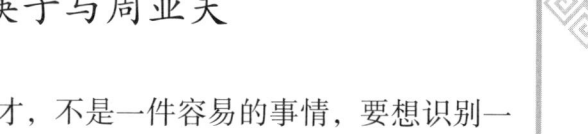

一个君主要招引人才，不是一件容易的事情，要想识别一个人才，则是一件很神秘的事情。识别人才，不仅仅是看他是不是人才，还要能推测出其以后，是不是真正能为君王所用，这才是古代国君招贤的根本目的所在。

周亚夫是汉景帝时候的大臣，他帮助汉景帝平定了七国之乱，一度官至丞相。有一次景帝请他吃饭，宴席间景帝赐给他一大块肉。但是，这一块肉没有切开，就送到了周亚夫的面前。周亚夫就摆出一副不高兴的姿态，让内侍给他取一双筷子过来。

景帝则笑着说："丞相看来很讲究啊！还是不适应不用筷子吃肉。"周亚夫听景帝这么说，心中一惊，忙下跪谢罪。宴席结束后，景帝叹道："连我的一点小小不礼貌，都忍不住，怎么能忍得了少年气盛的少主呢？"

从汉景帝的角度看来，他认为自己赏下去的肉，没有切开，做臣子的要用手抓着吃，才是一个有德行的臣子，所以其就认为周亚夫不是一个做太子辅政大臣的好人选。可怜周亚夫，因为一双小小的筷子，就把自己的政治前途给葬送了。

人物志

是以互相非驳①，莫肯相是。取同体也，则接诣而相得；取异体也，虽历久而不知。

凡此之类，皆谓一流之才也。若二至已上，亦随其所兼，以及异数。故一流之人，能识一流之善。二流之人，能识二流之美。尽有诸流，则亦能兼达众才。故兼才之人，与国体同。欲观其一隅②，则终朝③足以识之；将究其详，则三日而后足。何谓三日而后足？夫国体之人，兼有三才，故谈不三日，不足以尽之：一以论道德，二以论法制，三以论策术，然后乃能竭其所长，而举之不疑。

然则，何以知其兼偏而与之言乎？其为人也，务以流数④，杼人之所长，而为之名目⑤，如是兼也；如陈以美，欲人称之，不欲知人之所有，如是者偏也。

不欲知人，则言无不疑。是故，以深说浅，益深益异；异则相返，反则相非。是故，多陈处直，则以为见美；静听不言，则以为虚空；抗为高谈，则以为不逊⑥；逊让不尽，则以为浅陋；言称一善，则以为不博；历发众奇，则以为多端；先意而言，则以为分美；因失难之，则以为不喻；说以对反，则以为较已⑦；博以异杂，则以为无要⑧。论以同体，然后乃悦；于是乎有亲爱之情、称举之誉。此偏才之常失。

①驳：通"驳"。
②隅：角落。此指某一方面。
③终朝：早晨。也指整天。
④流数：流别数目，意指各家各派。
⑤名目：给予评品。

人物志

⑥逊：谦虚，谦恭。

⑦较己：与自己较量。

⑧无要：没有要点，不得要领。

具有不同才能人，要是相互辩论，他们很容易否定对方，不能承认对方的优点。当他们遇到和自己同一类型的人时，他们就会相互赏识相互吹捧。一旦接触到和自己不是同一类型的人，即使相处了很长时间，还是不能彼此了解对方。

凡是这一种类型的人，都是只有一种才能和素质的人才，如果他们具有两种以上的才能，就会达到不同的境界。所以，有一种素质的人，只能识别一种类型人才的优点，而一旦其具备了两种素质，就能够识别两种类型人才的优点。多种才能都具备的人，也就具有了识别多种才能人才的境界和能力。因此，兼才的人和国体是一致的。

欲观察兼才的某一个方面的才能，只需要一天的时间就可以了，但是要探索其它更详细的部分，需要三天的时间就够了。为什么说要三天的时间就足够了呢？像国体这样的人，兼有

三种才能，因此谈论这样的人，不花上三天的时间，是无法将其交待清楚的。第一用讨论道德的方法；第二用讨论法制的方法；第三用讨论策术的方法，而后才能够把其才能表述出来，而后推荐他，这是不用质疑的。

可是，我们怎样才可以知道，他是一个兼才还是一个偏才，而和他去接触交谈呢？有这样一种人，他们总是可以把不同类型人才的长处找出来，并加以适当的品评和推荐，这种类型的人才就是兼才。如果说只是想通过说出自己的优点，而得到他人的赞扬，却不想知道他人的优点，这样的人就只是个偏才。

对别人一点也不了解，就对其所说的话表示怀疑。所以，与那些没有什么见识的人谈论高深的整理，谈得越深双方的分歧也就越大，相互对立不相让，相互为难。所以，看到别人多方面陈述处世之道，就认为知道了他们的优点；看到别人沉默不语，就认为知道了其内心空洞；高谈阔论，就觉得别人不够谦虚；谦虚礼让，就觉得别人卑微下贱；交谈中只显露一方面的才能，就觉得别人常识不广博；交谈中语惊四座，就觉得别人是沾了自己的便宜；别人找到他的错误，就觉得别人不理解他；别人和他的观点不同，就觉得是在和自己较劲；谈论广博但是不深入，就觉得别人不得要领；只有谈论和自己相契合的类型，才觉得高兴。所以，就有了亲近、偏爱的感情与赞美推荐的荣誉。这就是偏才常常失败的原因。

"神偷"巧破齐国军队

做君主的要善于发现部下的优点，并在合适的时间和位置，让他们发挥自己的才能，这样才能使事业发扬光大。这种适当的调度体现了一个君主的智慧和才能。

楚国有一个将军叫做子发，他特别喜爱结交那些有一技之长的朋友，并想方设法把他们招引到自己的身边。在这些人才之中上，就有一个绰号"神偷"的人，也被子发招引到其身边。虽然这个"神偷"长得不招人待见，但是子发还是把他敬为上宾，这个"神偷"对子发十分感激，一直想找机会报答。

机会终于来了，有一次楚国和齐国之间爆发了战争，楚国连连败北。虽然子发手下有许多的谋士和勇将，但是还是没有打败齐国的军队。正在子发无计可施的时候，"神偷"主动请战。第一天晚上，"神偷"依靠自己的轻身功夫和夜行术，潜入到了齐国主帅的营帐，把其睡帐偷了回来，第二天，子发派人给他送了回去。第二天晚上，"神偷"又把齐国主帅的枕头偷了过去，第三天，子发派人送了回去。第三天晚上，"神偷"又把齐国主帅头上的发簪偷了出来，子发照样派人送了回去。

这时候，齐国的主帅十分惊恐地对身边的人说："再不撤军，我的脑袋就要给人家取走了。"于是，齐国军队退回了齐国。

第九章

英雄

人物志

夫草之精秀者为英，兽之特群者为雄；故人之文武茂异①，取名于此。是故，聪明秀出，谓之英；胆力过人，谓之雄。此其大体之别名也。

若校其分数，则牙则须，各以二分，取彼一分，然后乃成。何以论其然？夫聪明者，英之分②也，不得雄之胆，则说不行；胆力者，雄之分也，不得英之智，则事不立。是故，英以其聪谋始，以其明见机③，待雄之胆行之；雄以其力服众，以其勇排难，待英之智成之；然后乃能各济其所长也。

若聪能谋始，而明不见机，乃可以坐论④，而不可以处事。聪能谋始，明能见机，而勇不能行，可以循常⑤，而不可以虑变⑥。若力能过人，而勇不能行，可以为力人⑦，未可以为先登⑧。力能过人，勇能行之，而智不能断事，可以为先登，未足以为将帅。必聪能谋始，明能见机，胆能决之，然后可以为英：张良⑨是也。气力过人，勇能行之，智足断事，乃可以为雄：韩信⑩是也。

①茂异：茂才异等。此是出类拔萃之意。

②分：素质。

③见机：预见事物变化之所由。预见趋势。

④坐论：不切实际的空谈。

⑤循常：按常规办事。

⑥虑变：考虑事物变化的局势。

⑦力人：有力气的人。力士。

⑧先登：先于众人而登，常指才华出众或先于众人达到目的。

⑨张良：见《流业》注。
⑩韩信：见《流业》注。

草之中精华秀丽的被称作为英，兽之中超出群类的被称作为雄。所以文武双全的人，才用这种称谓来为其命名。因此，那些才智出众的人称作为"英"，那些胆力过人的称作为"雄"，这只是在称呼上的大致区别。

如果给两种素质来打分，让它们相互配合。"英"与"雄"各得二分，两者各取出一分，然后才能够成就"英雄"。这是为什么呢？因为联盟是属于"英"的素质范畴，这没有"雄"的胆魄，所以其理念就得不到有效的推广。胆魄是"雄"的天分，没有"英"的联盟智慧，它的事业也不能够成功。所以，英才出众的人，通过他的智慧预知事物发展的趋势，再凭借其"雄"的胆魄，使他的事业得以推行。具有雄才的人，以他的能力让众人佩服，以他的勇敢克服困难，凭借"英"的智慧使其取得成功，然后，英才和雄才才能够体现其各自的才能。

如果说聪明能够在事业开始的时候，把过程谋划好，但是却不能够判断准确的时机，那么所谓的事业，也只是一个空谈而已，不能成为现实。如果说有足够的智慧，既能在事业之初就有所谋划，又能抓住时机，但是没有勇力去行动，这样也只能按照常规做事，不能应对变化。如果说胆力超出了一般人，但是没有胆力去做，也只是一个有力气的人，却做不成先锋。如果说气力超出了一般人，也有胆力去行动，但是没有识别事物的能力，也只能去做一个先锋，却成不了将帅。所以，要先具有聪明，在开始时就能有一个好的谋划，智慧又能够使其找到时机，又有胆力去定夺，最后才能成为英才出众的杰出人物。汉代的张良正是这样的杰出人物。他气力超过常人，又能勇敢地去实行，智谋也让他具有敏锐的判断，所以他才成为杰出的人物。韩信也是这样的杰出人物。

墨子苦心磨砺耕柱

一个怀有才能的人，其不是一定就要为某些人做贡献的，也不是一定能去做贡献的，关键还是给他以应有的鼓励，让他将自己的才能发挥出来。在中国古代的历史长河中，激励人才的事情也有很多。墨子激励耕柱就是一个很典型的例子。

墨子是中国古代墨家学派的代表人物，其手下的弟子也有很多。耕柱就是其众多弟子之中，很有才能的一个。但是，墨子却常常责骂他，只要看到其一点不对的地方，就要比其他的弟子严厉十倍百倍，这使耕柱的心中十分的委屈。有一天，墨子再次责备耕柱的时候，他忍不住对墨子说："师傅，难道在您的众多学生中，我是最笨最差的一个吗？您为什么要这样近乎苛刻地责备我？"墨子一点也没有生气，平和地对耕柱说："如果我现在要去太行山，你说我是用牛拉的车，还是用良马拉的车？""当然是用良马拉的车了。"耕柱说。"这是为什么呢？"墨子又问。"因为良马比牛负重多，也好驱使。"墨子笑着说："我是想让你成为一匹良马，而不是一头牛。"

人物志

　　体分不同，以多为目，故英雄异名。然皆偏至之才，人臣之任也。故英可以为相，雄可以为将。若一人之身，兼有英雄，则能长世①；高祖、项羽是也②。然英之分，以多于雄，而英不可以少也。英分少，则智者去之，故项羽气力盖世，明能合变，而不能听采奇异③，有一范增④不用，是以陈平⑤之徒，皆亡归。高祖英分多，故群雄服之，英才归之，两得其用，故能吞秦破楚，宅有天下。

　　然则英雄多少，能自胜之数⑥也。徒英而不雄，则雄才不服也。徒雄而不英，则智者不归往也。故雄能得雄，不能得英；英能得英，不能得雄。故一人之身，兼有英雄，乃能役⑦英与雄。能役英与雄，故能成大业也。

①长（zhǎng）世：天下之长。领袖。

②高祖：指刘邦（前256—前195）。汉王朝开国君主。秦末陈涉、吴广起义，刘邦亦起兵于沛，号为沛公。与项羽争战，卒败之。在位十二年。项羽：（前232—前202）。名籍。秦末从叔父项梁在吴中起义。秦亡后，自立为西楚霸王，继与刘邦争天下。后为刘邦所败，自刎而死。

③奇异：不同的意见。

④范增：（前277—前204），秦末居鄹人。年七十，辅助项羽称霸诸侯，被尊为亚父。楚汉相争，范增屡劝项羽杀刘邦，不听。后项羽中刘邦反间计，疑其有二心，增愤然离去。

⑤陈平：见《流业》注。

⑥自胜之数：决定胜负的先天因素。

⑦役：役使，指挥，支配。

人物志

　　"英"和"雄"在一个人身上所占的比重是不同的,其才能的类型以比重大的成分来命名,于是有的人才被称作为"英",有的人才被称作为"雄"。不管是"英"还是"雄",都只是偏至之才,只能够让他们做臣子。所以,"英"可以做丞相,"雄"可以做将军。如果一个人身上兼有两种才能,那么他就可以做领袖,刘邦、项羽便是"英雄"。但是,领袖身上"英"的成分应该多于"雄"的成分,如果"英"的成分少于"雄",智谋之士就可能离他而去。所以项羽力气盖世,身边有明智的言语,他却听不进去。有一个范增却不能采用其意见,所以陈平等人都离他而去。高祖身上"英"的成分多于"雄",所以群雄都服从他,英才也投奔他,两种类型的人才都为其所用,所以刘邦能灭秦破楚一统天下。

　　"英"和"雄"素质的多少,是关系事业成败的关键。只有"英"而没有"雄",雄才就不会服从他;只有"雄"而没有"英",有智谋的人才就不会归顺他。所以,只有雄才的人能够得到有雄才的人,但是得不到英才的辅佐;只有英才的人能得到有英才的人,但是得不到雄才的辅佐。所以,一个人要是身上兼有英才和雄才,那么他就能驾驭天下的英才和雄才,也就能够成就一番大业。

刘备用计抓住徐庶的心

在现代的职场中分分合合也是很正常的事情。哪里对待人才的态度好,能让其发挥他的才能,人才就会流向哪里。一个企业要想真正留住一个人才,是一件很难的事情。然则在这一件事情上,刘备的做法值得企业家们深思。

刘备被曹操追得四处躲藏,费了好大的周折,才在新野找到了一个落脚的地方,并得到徐庶的辅佐。可是,曹操却派人扣住了徐庶的母亲,徐庶本是一个孝子。在分别之际,怎么样才能留住徐庶的心,刘备用自己的方式达到目的。刘备先是一个劲地给徐庶哭诉,等救出老母之后,还要向先生请教。而后,在徐庶离开的时候,送了一程又一程,还亲自为徐庶牵马,做出一种不愿分别的样子。最后终于感动了徐庶,徐庶向其承诺,进曹营后不为其设一谋。在以后的长坂坡之战,还救了赵云一命。这一个例子,可谓是抓住人心的一次成功案例,也让人对刘备运用人才的手段感动敬佩。

第十章

八观

人物志

八观者：

一曰观其夺救①，以明间杂②。

二曰观其感变③，以审常度④。

三曰观其志质⑤，以知其名。

四曰观其所由⑥，以辨依似⑦。

五曰观其爱敬，以知通塞⑧。

六曰观其情机⑨，以辨恕惑。

七曰观其所短，以知所长。

八曰观其聪明，以知所达⑩。

何谓观其夺救，以明间杂？

夫质有至有违⑫，若至胜违，则恶情夺正，若然而不然。故仁出于慈，有慈而不仁者；仁必有恤，有仁而不恤者；厉必有刚，有厉而不刚者。

若夫见可怜则流涕，将分与则吝啬，是慈而不仁者。

睹危急则恻隐，将赴救则畏患，是仁而不恤者。

处虚义则色厉，顾利欲则内荏，是厉而不刚者。

然则慈而不仁者，则吝夺之也。

仁而不恤者，则惧夺之也。

厉而不刚者，则欲夺之也。

①夺救：争夺与救济。

②间杂：反复，没有恒性。

③感变：骤变时的反应。

④常度：通常的道理，基本准则。

⑤志质：志向，本质。或说至质。

⑥由：经历。《论语·为政》："视其所以，观其所由，察其所安，人焉廋哉？"

⑦依似：似是而非的表现。

⑧通塞：顺利和艰难，成功或失败。

⑨情机：情绪变化的迹象。

⑩达：通达。

至：至善；违：违谬。

若至胜违：大概在"至"后少一"不"字。

恤（xù）：救济。

恻隐：同情。

内荏（rěn）：内怯。荏，软弱。

所谓的八观：

一是观察一个人对待争夺和救济的态度，以查明其是不是反复无常，没有恒心。

二是观察一个人的感情变化和态度反应，以了解其做人的基本准则。

三是观察一个人的志向和本质，以知晓他的才能是否与名声相称。

四是观察一个人的行动和表现，以辨别他的作为是不是似是而非。

五是观察一个如何对待关爱和尊敬，以判断他的为人处世

是成功还是失败。

六是观察一个人的情绪变化轨迹，以明白他是宽容还是多疑。

七是观察一个人的短处，以了解他的长处。

八是观察一个人是不是聪明，以分析他所通晓的范围。

什么是观察一个人的争夺和救济，以查明其是不是反复无常，没有恒心？一般情况下，人的性情都有正和邪两个方面，要是正的一面没有战胜邪的一面，那么恶的性情就会占据正的一面。表面上看来是这样的，而实际上并不是这样的。因此，宽仁出于慈爱，当然也有慈爱而不宽仁的；宽仁一定会去救济穷困，但是也有宽仁而不去救济穷困的。严厉的一定会刚强，但是也有严厉却不刚强的。如果看到可怜的人们，就痛哭流涕，但是当要去施舍财物的时候却又十分的吝啬，这种表现只是慈爱却不能说其宽仁。看到别人正处在危急之时，心中产生了同情，但是将要去救助的时候，却停滞不前，这种表现只是宽仁而不能说其救济。在面对虚情假意的时候，能够正色严厉，但是见到利益的时候，又心中怯弱，这只能算是严厉但是不能说其刚强。当然，慈爱但是不宽仁的，是吝啬占据了心性的上风。宽仁但是不救济的，是畏惧在控制人的心性。严厉但是不刚正的，是利欲掌控了其心性。

人物志

毛遂自荐

战国时候,秦国和赵国在长平一战,赵国因为错用赵括,而一败涂地。紧接着,秦军大将白起,就率军包围了赵国的都城邯郸。为了迫使秦国撤兵,平原君赵胜决定去楚国订立合纵的盟约。赵胜从门客中选了二十个文武双全的人,可是还少一个人。这时候,一个叫毛遂的人自己推荐自己。

"听说先生要去楚国订立盟约,约定要二十个门客,跟随您一起去。现在还差一个人,您就让我毛遂去充一下数吧!"赵胜一看是毛遂,就问:"先生到赵胜门下,有多长时间了?"

"已经有三年了。"毛遂说:"先生已经来赵胜的门下三年了。凡是有才能的人,就好像是锥子放在了囊中一样,它的尖儿立刻就会显示出来。而先生在赵胜的门下,三年已经过去了,我也没有听说有谁称赞过你,这是先生没有才能的原因吧!先生还是留下来,不用一起前往楚国了。"赵胜说。

毛遂说:"我虽然来了三年了,可是今天才把自己放到了囊中,如果以前放到囊中,我的锋芒早就露了出来,不光是尖梢露出来。"

于是,毛遂就跟着平原君一起出使楚国,说服了楚王,并终于和楚国立了约,救赵国于危难之间。

故曰:慈不能胜吝,无必其能仁也;仁不能胜惧,无必其能恤也;厉不能胜欲,无必其能刚也。是故,不仁之质胜,则

伎力①为害器；贪悖②之性胜，则强猛为祸梯。亦有善情救恶，不至为害；爱惠分笃③，虽傲狎④不离；助善者明，虽疾恶无害也；救济过厚，虽取人不贪也。是故，观其夺救，而明间杂之情，可得知也。

何谓观其感变，以审常度？夫人厚貌深情⑤，将欲求之，必观其辞旨⑥，察其应赞⑦。夫观其辞旨，犹听音之善丑；察其应赞，犹视智之能否也。故观辞察应，足以互相别识。然则：论显扬正，白也⑧；不善言应，玄⑨也；经纬⑩玄白，通也；移易无正，杂也；先识未然，圣也；追思玄事，睿也；见事过人，明也；以明为晦，智也；微忽必识，妙也；美妙不昧，疏也；测之益深，实也；假合炫耀，虚也；自见其美，不足也；不伐其能，有余也。

①伎力：才能，本领。

②贪悖：贪婪，悖逆。

③爱惠分笃：友情深厚。分：情分。笃：忠实。

④傲狎：傲慢，亲近。

⑤厚貌深情：隐藏真实的感情不显露于外表。

⑥辞旨：言谈的中心。

⑦应赞：应对酬答。

⑧论显扬正：论点鲜明，态度正确。白：明白易晓。

⑨玄：深奥难测。

⑩经纬：原指丝织物的纵线和横线，比喻条理秩序。此指治理，审辨。

睿：英明有远见。

人物志

微忽：细微，倏忽。

所以说，慈爱不能超过吝啬，就一定不能够宽仁；宽仁不能够战胜恐惧，就一定不能够救济人；严厉不能够战胜利欲，就一定不能够刚直。所以，宽仁的素质不能够取胜，人的才能就成为一种害己的存在。贪婪悖逆的心性占了上风，刚强勇猛也只能成为一种祸害一方的东西。亦有心性单纯的人，救助做恶的人，这样的行为也不至于酿成祸害。双方情感深厚，但是又偶有不尊重对方的行为，也不会导致双方分离。帮助那些良善的人，以此来彰显正道，虽然有嫉恶如仇的性情，也不会伤害到自己。慷慨救助别人，虽然财物是从他人那里得到的，也算不上是贪婪。所以，观察一个人对待争夺和救济的态度，只要分辨其正反及间杂的情况，就能够得到。

那么，什么才叫观察一个人的感情变化和态度反应，以知晓他为人的基本准则呢？一般情况下，人们会把自己真实的情感，深深地隐藏起来，不显露在表面。要想知道其内心的真实情感，就要观察其言辞意图和应对酬答。观察其言辞，可以通过听其声音，来判断其是善意的还是丑恶的。观察他的应对酬答，是要来判断其智慧是不是可以随时应变。所以，观察他的言语和应对，就可作为一个参照，从而客观地认识他。然而，观点鲜明态度端正，让别人很容易明白其主旨，言语没有章法，不善于应对，就会让别人感到深奥难懂。可以把深奥鲜明的道理审辩清楚，便是一种精通。言语飘忽不定，没有一个中心，便是一种杂乱。可以预知未来的事情，便是一种圣明。可以思

人物志

索深刻细微的道理,便是一种睿智。凡事都有超出常人的见识,便是一种聪明。心里明白,但是表面并不显露,便是一种机智。可以体察到细微的差别,就是一种神妙。美妙但是不隐蔽,便是一种疏朗。研究无止境,愈测愈深入,便是一种充实。表面迎合,相互炫耀,便是一种虚伪。只看到自己的长处,便是一种不足。不自夸自己的才能,便是一种优点。

五大夫百里奚

在中国古代的历史上,有许多的人才,都是从社会的最底层选拔出来的。春秋时期有一个很有才能,也很有作为的人叫做百里奚,他帮助秦缪公,让秦国强大了起来,并成为春秋五霸之一。

百里奚本来是在虞国做官,官位是大夫。晋献公二十二年(前655),晋献公使用假途灭虢之计,先后灭了虞和虢两个小国。

人物志

虞国的国君和大夫百里奚，就这样做了晋国的俘虏。后来，晋献公的姐姐要嫁给秦缪公，百里奚作为陪嫁的奴隶，一起来到了秦国。后来，百里奚逃出秦国，到了宛地，被楚国的士兵抓住，他又到了楚国。一次偶然的机会，缪公知道百里奚是一个有才能的人，于是就想用重金，把百里奚赎回来。可是，又担心楚国疑心，于是就用五张公羊皮把他赎了回来。

那时候，百里奚已经过了古稀之年，缪公与其谈论国家大事，他推说自己是一个亡国之臣，不值得国君来问。而开明的缪公却说，错不在先生，而是虞国的国君不用先生，而最后导致了亡国。百里奚同缪公谈了三天三夜，后来终于出山辅佐缪公。

故曰：凡事不度①，必有其故：忧患之色，乏而且荒②；疾疢③之色，乱而垢杂；喜色，愉然以怿④；愠色，厉然以扬；妒惑之色，冒昧无常⑤；及其动作，盖并言辞。是故，其言甚怿，而精色不从者，中有违也⑥；其言有违，而精色可信者，辞不敏也；言未发而怒色先见者，意愤溢⑦也；言将发而怒气送之者，强所不然也。

凡此之类，徵见于外，不可奄违⑧，虽欲违之，精色不从，感愕以明，虽变可知。是故，观其感变，而常度之情可知。

何谓观其至质，以知其名？凡偏才之性，二至以上，则至质相发⑨，而令名⑩生矣。是故，骨直气清，则休 名生焉；气清力劲，则烈 名生焉；劲智精理，则能 名生焉；智直强悫，则任 名生焉。集于端质，则令德济焉；加之学，则文理灼焉。是故，观其所至之多少，而异名之所生可知也。

人物志

①度：标准。

②乏：疲惫。荒：黯淡。

③疢疾（chèn）：疾病，病害。

④怿（yì）：喜欢，高兴。

⑤冒昧无常：莽撞无礼，喜怒无常。

⑥中：内心。违：不相从。

⑦溢：水满流出。此是显示、流露之意。

⑧徵：迹象，现象。奄违：掩盖，遮盖。

⑨至质相发：两种素质相互促进。

⑩令名：美名。

休：美好，美善。

烈：强劲，强健。

能：贤能。

悫（què）：诚实。

任：信任。

端质：端正的品质。令德：美好的品德。

文理：礼文仪节。灼：明亮，鲜明。

所以，一般情况下事情不符合正常的事理，一定有其原因；心中忧虑显示在外表，就会有一种疲乏黯淡之色。身体内有疾病，体现在外表上，就会显得杂乱污秽。欢喜的神色，会使人觉得愉快；愤怒的神色，会使人觉得凌厉。妒忌疑惑的神色，会使人觉得其无礼而无常；等到有动作出现的时候，要伴随着

人物志

语言。所以，其语言十分欢愉，但是神色却与之不相适应，这里面一定有违心的地方。语言不能表达其意，但是神色自若，这只是不善于言辞罢了。话还没有说出来，愤怒的神色已经表现出来，这是心中充满激愤的结果。语言嗫嚅但是神色愤怒，这是心中被迫无乃，克制忍耐的原因结果。

凡是这一类型的人，其迹象显露在外面，是遮盖不住的，就算他想掩饰，可是其神色已经暴露其内心。既然内在的感情已经显现，那么其再怎么变，也可以知道其心思。所以，观察其感情变化和态度反应，其平时的为人也就不难明白了。

什么才是观察一个人的志向和本质，以知晓他的才能是否与名声相称呢？凡是偏才的人，他们都有两方面的素质，这两方面的素质相互促进，从而使其得到一个美好的名声。因此，那些骨骼挺直，气质清朗的人，就获得了美好的名声。那些神气慨峻，体力强劲的人，就获得了强健的名声。那些聪慧直率的人，坚强坦诚，就获得了可以信赖的名声。在这些名声的基础之上，再加上端正的人品和气质，就能够获得一个美好的品德。再加上勤奋好学，就会获得一个知书达理富有涵养的名声。所以，观察一个人的素质有几个方面，查一查其名声产生的原因就可以明白了。

好吹嘘的不是真正的人才

越王派子余去造战船，战船造好以后，要选好的舵手。这时候，一个商人想要去做这个舵手，可是被子余给拒绝了。后

来这个商人到了吴国,被王孙率收留。一次,商人和王孙率一起去江边视察船只。大江之上,狂风大作,这个商人就对王孙率说,哪一只船是安全的,哪一只船会沉没。结果都让商人给说中了,于是王孙率更认为其是个人才,就把他引荐给吴王。

越王知道了这件事,就责怪子余。子余对越王说:"我了解过这个人,这个特别好吹嘘,他说越国没有人比他强。我知道那些爱夸耀自己的人,都是自以为是的人,是一些爱逢迎的人;说别人不如自己的人,对别人观察很用心,却对自己的缺点不清楚。吴国用他,日后一定会坏大事的。"越国人都不相信子余的话。

后来吴国去打楚国,吴王让商人操纵大船,结果在过扶胥口的时候沉没,商人也死在了水中。这时候越国的人才知道,子余说得是对的,有的人说:"要是那个商人没有因为沉船而死,子余先生就要受着失去人才的罪名了。"从此更加尊敬子余。

何谓观其所由,以辨依似?

夫纯讦性违[①],不能公正;依讦似直,以讦讦善;纯宕似流[②],不能通道;依宕似通,行傲过节。故曰:直者亦讦,讦者亦讦,其讦则同,其所以为讦则异;通者亦宕,宕者亦宕,其宕则同,其所以为宕则异。

然则,何以别之?直而能温者,德[③]也;直而好讦者,偏[④]也;讦而不直者,依[⑤]也;道[⑥]而能节者,通也;通而时过者,偏也;宕而不节者,依也;偏之与依,志同质违[⑦],所谓似是而非也。是故,轻诺似烈而寡信。多易[⑧],似能而无效,进锐,似精[⑨]而

人物志

去速，诃者似察而事烦，诈施似惠而无终，面从似忠而退违，此似是而非者也。

亦有似非而是者：大权⑩似奸而有功，大智似愚而内明，博爱似虚而实厚，正言似讦而情忠。夫察似明非，御情之反，有似理讼，其实难别也。非天下之至精，其孰能得其实？故听言信貌，或失其真；诡情御反，或失其贤；贤否之察，实在所依。是故，观其所依，而似类之质可知也。

①讦（jié）：斥责别人的过失，揭发别人的隐私。违：逆。

②纯宕似流：纯粹的放纵好像自由。宕，放纵，不受约束。流：自由。

③德：中庸之德。

④偏：偏激。

⑤依：即依似，似是而非。

⑥道（dǎo）：疏通，疏导。

⑦志同质违：表现一样但性质不同。

⑧易：变易。

⑨精：精诚，积极。

⑩权：权术，政治。

御情：掌握真情。

讼（gōng）：通"公"，公然，明白。

至精：最精明的人。

诡情御反：怀疑真情，把握相反。

人物志

　　什么是观察一个人的行动和表现，以辨别他的作为是不是似是而非？要是单纯的揭发别人的隐私而不通情理，这也会违背常性，从而不能做到公平公正。如果当面揭露别人的隐私，表现上看起来十分的正直，而实际上这是在斥责良善。如果一味的放纵不拘，这和流荡没有什么区别，也不能够真正通达正道。凭借放纵，表面上看是通达情理，而实际上却是一种十分傲慢没有节制的行为。因此，正直的人批评别人的过失，奸邪的人揭发别人的隐私而斥责别人过失，他们都是斥责，表面上看起来并没有什么不同，但是原因却不一样。通达的人也放纵，放荡的人也放纵，表面上看起来他们都是放纵，但是其原因却是不一样。

　　然而，我们怎么才能区分他们之间的不同点呢？那种正直而又温和的人，是一种中庸之德；那种正直又揭发别人隐私的，却是一种偏失。那种一味斥责别人，却不正直的人被称作为"依"。那种疏导而又有一定的节制的人，属于通达这一种类型的。通达但是常常有过分的，就属于偏失的范畴了。那种放纵却不有所节制的，被称作为"依"。偏失和依十分相像，他们表面上看着是一样的，但是性质却有着巨大的不同，这就是所说的似是而非。所以，那种轻易就承诺的人，表面上看起来十分看重义气，而实际上一点也不讲信用。常常改变做事的方法，表面上看起来十分有才能，其实全是无用的功。那种锐意进取的人，表面上看起来十分精诚，其实一点也不能持久。那种特别爱议论，表面上看起来特别善于观察，其实只会添乱。那种十分顺从的人，表面上看起来十分忠诚，其实他一直在固

守己见。有这些表现的人,都是属于似是而非的人。

也有似非而是的情况。那种大的权术政治,表面上看起来十分奸邪,其实对天下是有功的。那种大的智慧学问,表面上看起来十分愚钝,其实内在是十分精明的。那种广博的爱,表面上看起来十分空荡泛泛,其实是十分淳厚深沉的。那种正直的言论,表面上看起来是在谴责,其实是一种忠诚的情怀。察明似是而非,把握情感的反面,这其中的道理表面上看起十分明白,其实是不容易鉴别的,不是精明的人,又有谁能够把握这其中的真实呢?因此,只听其言语,相信其神色,很可能就让真正的人才流失了。观察对方是不是贤明,关键在于其外部表现所凭的依据。因此,察明其似是而非的表面所依据的基础,其是哪一类型的人才,也就很容易把握了。

曾国藩与其幕僚

曾国藩的事业能成功,与其身边众多有才能的幕僚是分不开的。可以说,他们之间是一种相互依存的关系。幕僚们帮助曾国藩成就其美名,而曾国藩让幕僚们升官又发财。从湘军起家,一直到曾国藩成为清廷的封疆大吏,其所走的每一步,都和幕僚们的努力分不开。幕僚们为其出谋划策,筹粮筹款,办理军务,举办洋务等等实际的事情。

曾国藩在与太平天国的军事战争中,并不是其一个人能支撑下去的。从清咸丰十年(1860)至同治三年(1864)的四年间,曾国藩的湘军所花军费就达1600多万两白银,其中的大部分

人物志

都是其幕僚筹集到的,试想要是没有经济上的支持,湘军早就一败涂地了。反过来曾国藩对其幕僚回报也是丰厚的。其刚起家的时候,幕僚最高官职只是候补的道员,而且还只是个别的,大多数都是六品以下的官员。可是10年以后,幕僚戴红色蓝色的顶子,已经不是什么新鲜的事了。这与曾国藩的努力是分不开的。单就其两者之间的关系来说,这种相互依存相互成长的关系,是人才之间相互努力成就的结果。

何谓观其爱敬,以知通塞?盖人道之极,莫过爱敬。是故,《孝经》以爱为至德①,以敬为要道②;《易》以感为德③,以谦为道;《老子》④以无为德,以虚为道;《礼》⑤以敬为本;《乐》⑥以爱为主。然则,人情之质,有爱敬之诚,则与道德同体;动获人心,而道⑦无不通也。然爱不可少于敬,少于敬,则廉节者归之,而众人不与。爱多于敬,则虽廉节者不悦,而爱接者⑧死之。何则?敬之为道也,严而相离,其势难久;爱之为道也,情亲意厚,深而感物。是故,观其爱敬之诚,而通塞之理可得而知也。

何谓观其情机,以辨恕惑?夫人之情有六机:杼其所欲则喜,不杼其所能则怨,以自伐⑨历之,则恶,以谦损下之则悦,犯其所乏则婟⑩,以恶犯婟则妒;此人性之六机也。

夫人情莫不欲遂其志,故烈士乐奋力之功,善士乐督政之训,能士乐治乱之事,术士乐计策之谋,辩士乐陵讯之辞,贪者乐货财之积,幸者乐权势之尤。

①《孝经》：儒家经典之一，内容宣扬孝道。至德：最高道德。

②要道：道之首要。

③《易》：《周易》，又称《易经》。为儒家"五经"之一。感：感应。

④《老子》：先秦道家著作。传为老聃所著。又称《道德经》。

⑤《礼》：包括三礼：《周礼》《仪礼》《礼记》。儒家"五经"之一。

⑥《乐》：指《乐记》。儒家"五经"之一。

⑦道：处世之道。

⑧爱接者：受到其恩惠的人。

⑨自伐：自夸。历：超过。

⑩姻：姻戚。此指忌讳。

训：法则。

陵讯之辞：盛气凌人的质问。陵：同凌，凌犯。讯：质问。

幸：宠幸。尤：突出。

什么叫做观察一个人如何对待关爱和尊敬，以判断他的为人处世是成功还是失败？世间人伦说到底，莫过于爱和敬。所以，《孝经》中把爱看作最高的首先标准，把敬看作是道的关键所在。《周易》中把感看作是德，把谦让看作是道。《老子》中把"无"看作是德，把"虚"看作是道。《礼》中把敬看作其根本的要旨。《乐》中把爱看作是其主宰。然而，世间人情的本质是有爱和敬的真诚，其于道德的根本是一体的，感动天地取得人心，其为人处世之道，也就会畅通无阻。但是，在一

个人身上，其爱是不能比敬少的，如果爱比敬少的话，虽然有节操的人会归附他，可是大多数人却并不接纳他。在一个人身上，爱比敬多的话，虽然那些清高的人对其不满，但是受过其恩惠的人，会心甘情愿地为其献身。这是为什么呢？敬作为一种道德，其有严格的等级，从而使别人对其慢慢疏远，其事业也就不能够长久。爱作为一种道德，其情感有着亲密而深厚的一面，特别容易打动别人的心。所以观察一个人对爱和敬的态度，其为人处世的成与败，也就很容易知道了。

什么叫观察一个人的情绪变化轨迹，以明白他是宽容还是多疑？人的情欲表现在表面上，有六种基本的表现：他的志向能够实现，其就会很高兴；其才能不能够发挥出来，就会抱怨发牢骚；对别人炫耀自己的业绩，很容易让他们厌烦；谦虚卑损，就要讨别人欢心；冒犯他人的短处，就会遭到了他人的忌讳。别人讨厌揭其短，揭短就会受人妒恨。这是人本性的六种表现。

照人世间常情来说，没有人不想随心所欲。于是，那些刚烈的人才，总是设计谋略；那些舌辩之士，爱好盛气凌人地问询；那些贪婪的人，喜欢聚敛财宝；那些被宠幸的人，喜欢显摆权贵。

燕昭王金台招贤

燕昭王刚做国君的时候，燕国危机四伏，随时都有亡国的可能。他就想把国家治理好，于是就向郭隗请教。郭隗对燕昭王说："臣听说以前有一个国君，想用一千两黄金来买一匹千里马，于是就让手下的人去寻找。可是，三年过去了，仍没有找到千里马。这时候,一个侍臣对国君说,让他去找吧!于是,这个侍臣就出宫去找寻千里马。又过了三年的时候,他终于找到一匹千里马,可是马已经死了。侍臣就用五百两黄金把千里马的骨头买了下来,带回来献给国君。国君知道以后,就十分生气地对侍臣说:'我要的是活的千里马,你给我弄一些骨头来有什么用处?'侍臣说:'一匹死千里马的骨头都值五百金,人们知道以后,就知道大王是真的要千里马。用不了多久,就会有人把千里马自动送到您的跟前。'果然,过了没有多久,国君如愿以偿地得到了千里马。"

燕昭王听了以后,觉得郭隗说得有道理,于是就筑了一座黄金台,里面放置千金,招纳贤士,果然有好多人来投奔燕国。最后昭王也实现了其强国的梦想。

苟赞其志,则莫不欣然,是所谓杼其所欲则喜也。

若不杼其所能,则不获其志,不获其志则戚[①]。是故:功力不建则烈士奋,德行不训[②]则正人哀,政乱不治则能者叹,敌能未弭[③]则术人思,货财不积则贪者忧,权势不尤则幸者悲,是所谓不杼其能则怨也。

人情莫不欲处前,故恶人之自伐。自伐,皆欲胜之类也。是故,自伐其善则莫不恶也,是所谓自伐历之则恶也。

人情皆欲求胜,故悦人之谦;谦所以下之[④],下有推与[⑤]之意。是故,人无贤愚,接[⑥]之以谦,则无不色怿;是所谓以谦下之则悦也。

人情皆欲掩其所短,见其所长。是故,人驳其所短,似若

物冒之，是所谓驳其所乏则姻也。

①戚：忧伤，悲哀。
②训：教诲。
③敌能未弭：故人力量未能平定。
④下之：甘居人下。
⑤推与：推让。
⑥接：接触。

如果要是赞扬他们的志向，他们没有一个不高兴的，这就是我们所说的其欲望得到了满足，心中就变得喜欢。如果他们的才能得不到发挥，其志向在现实中不能够实施，就会悲痛哀伤。所以，大的功业不能成功，刚烈之士会变得愤慨；道德仁政没有了规范，正直之士就会变得悲哀；国家局势动荡不安，贤能的人士就会感叹；敌人未能平定g，权谋的人就会沉思；金银财宝不能积聚，贪婪的人就会忧

虑；权力势力不显赫，爱宠幸的人就会觉得悲楚。这就我们所说的，不能够发挥其才能就变得怨恨。

按照人之常情来说，没有一个人不想争先的，因此特别讨厌他人自夸。既然自夸，就是想比过他人。所以，自己夸奖自己有才能，一般都会引起他人的厌恶。这就是所说的，用自己的长处来压他人，一定会引来他人的厌恶。

按照人之常情来说，没有一个人不想求胜的，因此特别喜欢他人谦虚。谦虚可以让人甘居人下，甘居人下有退让的意思。所以，不管是贤明的人还是愚昧的人，都很容易接受谦虚，遇到谦虚的人，就会喜形于色，这就是我们所说的谦虚退让易讨别人喜欢。

按照人之常情来说，没有一个人不想遮盖自己的不足，显露自己的优点。因此别人非难其不足之处，就像有个东西罩住他一样。这就是我们所说的，非难别人的短处，会引起别人的讨厌情绪。

会用人才的刘邦

西汉的开国皇帝刘邦是一个传奇式的人物，他之所以能打败项羽，与其会用人是分不开的。

刘邦刚开始把都城设在洛阳。有一次他把大臣都叫到一起，向他们问了一个问题："我是怎么得到天下，而项羽又是怎么失去天下的呢？"大臣们都发表自己的看法。一个叫王陵的人，他是刘邦的老乡，又深得刘邦的信任，所以他说话也很直率。

人物志

他说:"皇上比项羽会用人才,所以能打败他。皇上虽然有时候很粗鲁,但是赏罚分明,所以众臣们都会十分地用命。而项羽妒贤嫉能,为他出力的将士却得不到封赏,所以他失败了。"

刘邦听了笑着说:"如果论在军营中运筹帷幄,让军队在外打胜仗,我不如张良;如果论安抚后方百姓,把粮食和军饷送到军营,我又不如萧何;如果论率领大军去攻城夺地,我又不如韩信。他们三个都是人才,我虽然没有他们那样的才能,但是我能重用他们,让他们充分发挥自己的才能,所以我能够战胜项羽。虽然项羽身边也有像范增那样的人才,却得不到他的重用,所以项羽才失败了。"

人情陵上者也,陵犯其所恶,虽见憎未害也;若以长驳短,是所谓以恶犯姻,则妒恶生矣。

凡此六机,其归皆欲处上。是以君子接物,犯而不校①,不校则无不敬下,所以避其害也。小人则不然,既不见机②,而欲人之顺己。以佯③爱敬为见异,以遇邀会为轻。苟犯其机④,则深以为怨。是故,观其情机,而贤鄙之志可得而知也。

何谓观其所短,以知所长?夫偏才之人,皆有所短。故:直之失也讦,刚之失也厉⑤,和之失也懦,介之失也拘⑥。夫直者不讦,无以成其直;既悦其直,不可非其讦;讦也者,直之徵也。刚者不厉,无以济其刚;既悦其刚,不可非其厉;厉也者,刚之徵也。和者不懦,无以保其和;既悦其和,不可非其懦;懦也者,和之徵也。介者不拘,无以守其介;既悦其介,不可非其拘;拘也者,介之徵也。然有短者,未必能长也;有长者必以短为徵。是故，观其徵之所短，而其才之所长可知也。

①犯而不校：冒犯自己而不计较。校：较量，计较。《论语·泰伯》："有若无，实若虚，犯而不校。"
②不见机：不能正确地分析情势。
③佯：伪装。
④机：机柄，利害。
⑤厉：严厉。
⑥介：耿介。拘：拘束，拘泥。

按照人之常情来说，没有一个人不想击败位居自己之上的人，用自己夸自己的方式应对，虽然招致其憎恨，但是并没有带来什么祸害。如果拿自己所擅长的去非议其短处，这就是所说的以其所厌恶的，去触犯其短处，这样就会遭到妒害。

产生以上这六种情况的根源，主要是由于其心中自大的缘故，因此正人君子接人待物，即使受到小的冒犯也不会去计较。不去计较也就没有了不谦敬处下，于是就可以避免受到伤害。但是，那些见识浅薄的人，却不以为然。那一类型的人，他们既做不到审时度势，又一味的要求他们顺从自己，用虚假的爱与敬来博得他人的另眼相看，以邀约次数少来认为对方看不起自己。只要侵犯了他的利益，其就会怀恨在心。所以，只要观察其欲望的表现迹象，就可看出来其是一个贤明的人还是一个鄙陋的人。

人物志

什么叫是观察一个人的短处,以了解他的长处?凡是那些偏才的人,他们都有自己的短处。所以,正直的缺点是常常斥责他人而且一点也不徇私情;刚强的缺点是过分的严厉;平和的缺点是过分的软弱;耿介的缺点是过分的拘谨。可是,一个正直的人,不去抨击是非,就不能称其为是一个正直的人。一个正直的人,不可否认他一定经常爱责备别人的过错。爱责备别人的过失,正好是一个人正直的标志。刚强的人,如果不凌厉,就不能称其为刚强,既然是一个刚强的人,不可否认他一定会很严厉,严厉正好是刚强的表现之一。一个平和的人,如果其不柔弱,也就没有办法保持他的和气,既然喜爱其平和,就不能够对其柔弱进行非难,因为柔弱本身就是一种平和的象征。耿介的人不拘谨,就不能够守护其耿介,既然喜爱他的耿介,就不能够责备他的拘谨,因为拘谨本身就是耿介的表现之一。可是,有短处的人不一定都有长处,而有长处的人,其一定会

人物志

有短处。所以，观察一个人的短处，就能够看得出其长处所在。

换一种身份才见真心

清雍正六年（1728）的元宵节，清廷内阁中的官员，都回家过节去了。只有一个姓蓝的官员留在阁中值班。他一边观赏着月亮，一边自斟自饮。不一会儿，一个身才高大，相貌不凡的人走了进来。这个姓蓝的官员以为其是阁中的官员，就马上迎上去，客气地和他聊起来。

那个人问了姓蓝的官员许多问题，比如姓名，现在职务等。后来，又谈到别人都回家过节去了，你为什么还在这里值班。姓蓝的官员说："内阁其实是一个很重要的部门，什么时候也得有人值班，如果出现什么问题，后果是很严重的。"

那个人听了很高兴，并问姓蓝的官员，如果以后有机会出去当差，最想去哪？姓蓝的官员笑着说："最想去广东河泊所当差，我自己的才能不算大，给一个小官做就行了。"两个人又谈了一会儿，才分开。

第二天，雍正帝上朝，问到广东河泊所现在可有空缺。这时候正好有一个空缺。大臣们都不明白皇帝的意思。后来才知道，正月十五那一天晚上，皇帝到内阁去了。而那个姓蓝的官员，也因此而得到升迁，这与其勤恳的作风是分不开的。

何谓观其聪明，以知所达？夫仁者德之基[①]也，义者德之节[②]

也，礼者德之文③也，信者德之固④也，智者德之帅也。夫智出于明，明之于人，犹昼之待白日，夜之待烛火；其明益盛者，所见及远，及远之明难。是故，守业勤学，未必及才⑤；才艺精巧，未必及理⑥；理义辨给，未必及智⑦；智能经事，未必及道⑧；道思玄远，然后乃周⑨。是谓学不及才，才不及理，理不及智，智不及道。

道也者，回复变通。是故，别而论之：各自独行，则仁为胜；合而俱用，则明为将⑩。故以明将仁，则无不怀；以明将义，则无不胜；以明将理，则无不通。然则，苟无聪明，无以能遂。故好声而实不充则恢，好辩而礼不至则烦，好法而思不深则刻，好术而计不足则伪。是故，钧才而好学，明者为师；比力而争，智者为雄；等德而齐，达者称圣，圣之为称，明智之极名也。是故，观其聪明，而所达之才可知也。

①基：基础，根基。

②节：节制。

③文：文饰。

④固：支柱。

⑤及才：成才。

⑥及理：掌握道理。

⑦及智：其有智慧。

⑧及道：把握规律。

⑨周：周全，无所不及。

⑩将：此指支配。统帅。

人物志

无不怀：众望所归。怀：怀念，爱戴。

遂：如愿。

恢：恢诞，迂阔，空泛。

钧才：才能均等。钧同"均"。

比力：力量相同。

等德而齐：品德一致。

什么叫观察一个人是不是聪明，以分析他所通晓的范围？仁，是道德的基础；义，是道德的节制；礼，是道德的文饰；智，是道德的主导。人的智慧来源于明达，明达对于一个来说，就好像是白昼中的太阳，夜晚中的烛火。越是那种明达兴盛的人，其眼光看得就越远。

智慧出于明达，明达对于人来说，好像白昼的太阳，夜晚的烛火。越明达的人，所见越远。

然而，一个人要想追求明达的更深程度，这是一件很困难的事情。所以，一个人即使孜孜不倦地去勤奋学习，也不一定能达到人才所要求的那种标准。一个人能够把握技艺的精妙之处，却不一定能够使其理念达到一种更高的境界。那种通晓义理，能说会道的人，他们不一定真的具备高深的智慧。一个人的智慧可以使其经营许多事物，可是他不一定能够明晓真理。只有对那些深奥的道理，进行过一番思考之后，一个人才能够真正做到无所不及。这就是所说的，学问达不到人才所需要的标准；才艺达不到理论所要求的高度；善于说理的人，却不具备更高深的智慧；善于思考的人却不能够把握世间普遍的真理。

人物志

"道"这个东西，其圆环反复，变化神通。所以要另外评论道以外的才德：当几种才德同时并存时，应该以仁德为先；当才德合起来使用的时候，就应该把明达作为其主导。因此，用明达来指挥仁德，就会得到众人的拥护；用明达来指挥军事，就会攻无不克战无不胜；用明达来认清事理，就会无事不通无事不晓。然而，要是没有聪明，就没有事情能够称心如意。所以，只追求好的名声，就会显得过于空泛而不实在；喜爱辩论但是没有实在的道理，就会显得烦乱没有章法；制定法律法规，没有经过深思熟虑，就会显得呆板苛刻；爱好权术但是谋略不足，就会显得虚伪诡诈。

所以，各方面的才能都均等而又好学，且有聪明的人可以去做老师；力量相等而又争强好胜，心中明智的人可以去做雄杰；品德一致，而才能通达的人可以成为圣人。圣人之所以可以称之为圣人，是因为他是最聪明智慧的人。所以，要想知道一个人是不是一个聪明的人，只要观察其才能通达的程度就可以知道。

宋仁宗用人的"规则"

在古代中国的帝王用人之中，每个君王都有一套自己的规则。如果这一套规则符合实际，就会对国家的富强做出贡献；如果不符合实际，就会对国家的长治久安产生坏的影响。宋仁宗用人也有着自己的一套规则，可是这套规则却用得有点不合实际。

人物志

　　但凡仁宗起用官员，有三个特色。第一，其所用的官员，一般都是赈过灾的"君子"。那些在赈灾过程中立过功的官员，都得到了提升，可是提升的位置，有时候是存在问题的。比如：把一个"悲天悯人"的"君子"，派到前线去打仗，其还是拿出一副君子的样子，体恤民情，可是这样做对于取得战争的胜利没有什么好处。

　　第二，只发扬民主，却没有什么结果。仁宗也想学圣贤的国君那样广开言路，于是他就下诏说言者无罪。于是，许多官员为了得到皇帝的赏识，就发表了很多不合实际的言论。后来，仁宗为了禁止这种没有目的的言论，也曾下令不让上书胡言乱语，可是也没有取得什么效果。

　　第三，很看重"学历"。仁宗朝中的官员，几乎都是科举出身的进士。而在当时的情况下，北宋真正需要的是几个能征善战的将军，可是就是因为大将狄青没有学历，一直受到进士们的迫害，最后含恨死去。

第十一章

七缪

人物志

七缪①：一曰察誉②有偏颇③之缪，二曰接物有爱恶之惑，三曰度心④有大小之误，四曰品质⑤有早晚之疑，五曰变类⑥有同体之嫌，六曰论才有申压之诡⑦，七曰观奇有二尤⑧之失。

夫采访⑨之要，不在多少。然徵质不明⑩者，信耳而不敢信目。故：人以为是，则心随而明之；人以为非，则意转而化之；虽无所嫌，意若不疑。且人察物，亦自有误，爱憎兼之，其情万原；不畅其本，胡可必信。是故，知人者，以目正耳；不知人者，以耳败目。

故州间之士，皆誉皆毁，未可为正也；交游之人，誉不三周，未必信是也。夫实厚之士，交游之间，必每所在肩称；上等援之，下等推之，苟不能周，必有咎毁。故偏上失下，则其终有毁；偏下失上，则其进不杰。故诚能三周，则为国所利，此正直之交也。故皆合而是，亦有违比；皆合而非，或在其中。若有奇异之才，则非众所见。而耳所听采，以多为信，是缪于察誉者也。

①七缪（miù）：七种谬误。缪，通谬。

②誉：名誉，名声。

③偏颇：偏于一方面，不公平。

④度（duó）心：衡量心志。

⑤品质：品评才质。

⑥变类：辨别体类。变，通"辨"。

⑦申压：提拔与压制。诡：违反。

人物志

⑧二尤：尤妙与尤虚两种人。

⑨采访：选取访察。

⑩徵质不明：对一个人的行为和本质分辨不清。

化：变化，改变。

万原：原因众多，情况复杂。

州间：州和间，犹言乡里。古代行政区划，二十五家为间，两千五百家为州。

誉：称誉。三周：三方面。

肩称：主动担负奖掖之责。

咎毁：过失挠毁害。

杰：突出。李善《西部里社》注引文子曰："过百人谓之杰。"

违比：此有党同伐异之意。比：结党。违：排斥，反对。

对于鉴别人才，经常会出现七种谬误：第一种谬误是考察名声的时候，会偏向于某一方面。第二种谬误是待人接物的时候，容易受到自己情感的影响。第三种谬误是衡量心志，容易分不清情况的大小。第四种谬误是品评素质的时候，常常会分不清楚早与晚的区别。第五种谬误是分辨类型的时候，对于那些类型相似的容易看不清楚。第六种谬误是评论才能的时候，有受提升和被打压的区别。第七种谬误是观察特殊的才能的时候，常常忽视对尤妙和尤虚的关注。

选取人才的关键所在，不是有多少赞扬他。那些对人才的素质分辨不明的人，他们宁愿相信耳朵听到的，也不肯相信眼睛所看到的。所以，别人说是对的，他也跟着说是对的，一点

怀疑的意思都没有。别人说是错的,他也跟着说是错的,也随着别人的看法而改变。他们自己心里面没有一个衡量善恶的标准,可是发表起评论来,却是一点也不犹豫,滔滔不绝地乱说一通。人们在观察一种事物的时候,自己的身上也会出现不同的错误,再把个人的情感爱恨交织在其中,使得情况变得更加的复杂。没有把根本所在表述,又怎么能让别人相信其正确性呢?所以,那些真正会观察的人才,他们会用眼睛来弥补其耳朵所带来信息的不确定,那些不会观察人的人,却用道听途说得到的信息,来代替用眼观察所得的事实。

所以在乡村里,品评一个人。如果有一部分人说他是一个好人,那大家就都说他是一个好人;如果有一部分人说他是一坏人,那大家就都说他是一个坏人。根本没有办法得到一个客观正确的评价。即使是朋友之间的评价,那些没有从上、中、下三方面,全面周到品评的,也不一定就是可靠的。那些诚实可靠的人,在和别人交往的过程中,常常承担志称赞别人的角色。对于那种上等的人才,就加以援引,对于那种下等的人才就加以推荐。假如没有一个全面周到的评价,就一定会留下过失。因此,那种只偏重上等人才,而不重视下等人才的人才,最后也一定会被诋毁。

那种偏重下等人才,而放弃上等人才的人,其推荐出来找人才,就不是杰出的人才。所以,真正能够做到上、中、下三方面周全,其选出来的人才就会对国家有利,这是正直的交往,其意义是深信的。众多的人一起肯定其是人才的,有时候这种情况是和正道相背离的,这其中很可能有朋比为奸的成分;众多的人一起肯定其不是人才的,有时候这种情况之中,就会是一个真正的人才。假如其是一个正直的俊杰之才,就是一般的人能够观察识别出来的。一般的人都是用耳朵来听的,他们认为把大多数人的意见集中一下,就是正确的。这是在考察和推举人才的时候,常常会犯的一个错误。

多办事的野利仁荣

与宋仁宗同时代的西夏王李元昊,却与仁宗有着不同的用人理念。李元昊所用的人,都是一些有作为的"猛人"和"狠人"。其中一个党项人叫做野利仁荣,他就受到了李元昊的重用。

野利仁荣本上一个读书人,他是一个大学者,创立了西夏文字。可是就是这样一个读书人,却给李元昊定了一个国策,那就是把战争作为西夏的基本国策。

他首先推翻了"以夏变夷"的观念,而用赵武灵王胡服骑射来说服李元昊,让其采用"以夷变夏"的方式。其把党项人的民族本性和当时的实际情况结合起来,对西夏的发展壮大起到了推动作用。

在那个时期的西夏,生活在那里的人,都是一些好勇喜猎的人,他们没有中原人的那种诗书礼乐的风气,所以野利仁荣的做法,是顺应了当时的民情,也为西夏人进一步建功立业,打下了一个良好的基础。到后来,成吉思汗的时代,却拿一个只有弹丸之地的西夏,一点办法也没有。直到西夏灭国的时候,也没有一个西夏人出来投敌。从这个角度来讲,也确实让人敬佩。

人物志

夫爱善疾恶，人情所常；苟不明质①，或疏善善非②。何以论之？夫善非者，虽非犹有所是；以其所是，顺己所长，则不自觉情通意亲，忽忘其恶。善人虽善，犹有所乏；以其所乏，不明己长；以其所长，轻己所短；则不自知志乖气违③，忽忘其善。是惑于爱恶者也。

夫精欲深微，质欲懿重④，志欲弘大，心欲嗛小⑤。精微所以入神妙也，懿重所以崇德宇也⑥，志大所以戡物⑦任也，心小所以慎咎悔⑧也。故《诗》咏文王："小心翼翼""不大声以色。"⑨小心也；"王赫斯怒，以对于天下。"⑩志大也。由此论之，心小志大者，圣贤之伦也；心大志大者，豪杰之隽也；心大志小者，傲荡之类也；心小志小者，拘懦之人也。众人之察，或陋其心小，或壮其志大，是误于小大者也。

夫人才不同，成有早晚：有早智速成者，有晚智而晚成者，有少无智而终无所成者，有少有令才遂为隽器者：四者之理，不可不察。夫幼智之人，才智精达；然其在童髦，皆有端绪。故文本辞繁，辩始给口，仁出慈恤，施发过与，慎生畏惧，廉起不取。早智者浅惠而见速，晚成者奇识而舒迟，终暗者并困于不足，遂务者周达而有余。而众人之察，不虑其变，是疑于早晚者也。

①明质：察明实质。
②疏善善非：忽略善，称道非。
③志乖气违：志趣不相投。

④懿重：美好厚重。

⑤嗛（qiàn）小：微小。

⑥德宇：气度，器重。

⑦戡（kān）：胜任。通"堪"。

⑧咎悔：过错，悔恨。

⑨"小心翼翼"：语出：《诗经·大雅·大明》："维此文王，小心翼翼。"文王：即周文王。"不大声以色"：语出《诗经·大雅·皇矣》："帝谓文王，予怀明德，不大声以色，不长夏以革"指文王细心谨慎，不靠外表声色抬高自己。

⑩"王赫斯怒，以对于天下"：语出《诗经·大雅·皇矣》；"王赫斯怒，爰整其旅，以按徂旅，以笃于周祜，以对于天下"。指文王志向远大，当怒则怒，以安定天下。

伦：同类，同等。

拘懦：拘谨软弱。

陋：鄙薄。

童髦（máo）：指幼儿。髦，古代幼儿下垂至眉的短发。

端绪：头绪，苗头。

给（jǐ）口：言语辨捷。亦写为"口给"。《论语·公治长》："子曰：焉用佞！御人以口给，屡憎于人不知其仁，焉用佞！"

浅惠：小聪明之意。

一般的人都喜爱善的，讨厌恶的，这种情况也是人之常情。但是，如果我们不看清其本质，就会把好的当成坏的，而把坏

的当成好的。为什么这样说呢？别人说他不好，虽然其有不好的一面，但是并非就全是缺点。发现对方好的一面，而后将自己好的一面和其一对应，就会产生一种情投意合相见恨晚的感觉，从而不觉得其有丑恶的地方，即使有也被遮盖住。好人虽然是好的，但是其还是有他的缺点，如果用其缺点和自己的长处做对比，就看不到自己真正的长处在哪里。如果用其长处来和自己的缺点做对比，就容易产生轻蔑自己的想法，这样就会产生一种志向不全，从而把对方的长处忽视了。这种情况是由天受到个人感情的爱恨影响，而产生出来困惑。

　　观察一个人的精神，就要做到深刻而细致；观察一个人的素质，就要做到美善而厚重；观察一个人的志向，就要做到弘远而广大；观察一个人的心情，就要做到微小而纤细。深刻而细致才能领悟神妙；美善而又厚重，才能气度满腹；弘远而广大才能胜任重负；微小而纤细才能防止悔恨。所以，《诗经》中说，周文王"小心翼翼"，"不大声以色"，正好说明了其志向的远大。这样我们就可以得出一个结论，那种细心谦虚而又志气弘大的人，是属于圣贤一类的人才。那种情怀广大而又志气豪迈的人才，是属于才能出众的英杰一类的人才。那种粗心大意而又毫无志气的人，是属于软弱无能一类的人。一般人对于人才的观察，或者称其为心胸狭窄，或者称其为志向远大，对于同一类型的人，有不同的品评，这是由于没有分清大小情况的原因。

　　由于人才的才能不一样，所以其成就大业的时间，也就会有早有晚。有的人才少年早智，其事业在其年轻的时候就会成就；有的人才晚年得智，其事业到了晚年的时候才有所成就；

有的年少的时候，就没有什么才智，等到了晚年也仍就一事无成；也有年少的时候，就具有出众的才智，到了晚年终于有所成就。这四种类型的人才，其成就事业的原因，我们不能不去考察。那种年少的时候，就智力超群的人，其成年以后才能精微明达，这是对其幼年才智的继承和发展。

因此，那些能写出精妙文章的人才，是从其小时候的纷繁词句开始的；那些位居庙堂的雄辩之才，是从其小时候的敏捷灵动开始的；那些能展示出仁德品质的人才，是从其小时候的慈悲体恤开始的；那些能够表现出来慷慨好施的人才，是从其小时候的舍得给予开始的；那些在复杂环境中谨慎为人的人才，是从其小时候的多所畏惧开始的；那些能够在官场上清廉处世的人才，是从其小时候的不妄索取开始的。那种早智的人才，他们特别善于领悟而又反应迅速；那种大器晚成的人，他们特别善于见识而又智虑舒缓；那种终生愚钝的人，他们各方面都表现得才智不足；那种终生事业有成的人，他们特别善于精通而又成就可观。普通人对于人才的观察，一般都不考虑事物的变化。这是观察一个人才是早智还是晚成的难点所在。

一个企业需要有信仰

对于现代社会的很多人来说，信仰已经成为一种遥远的东西。随着经济的发展，企业的发展面临着一个前所未有的好时光，却有许多的企业没有一个真正的信仰，这是一个很危险的信号。

人物志

信仰就好像是一个人心灵的灯塔，它指引着我们向前进。一个企业也是一样，信仰就是一个企业的灵魂。谈到企业的信仰，就不得不提到三个问题。第一，我们是不是应该有信仰？第二，我们应该信仰什么？第三，我们应该真信还是假信。

第一个答案的结果是毫无疑问的，一个企业应该有其信仰。第二个问题的答案，就是一个很让人头疼的问题。我们现在所处的环境中，有许多的企业根本没有自己的信仰，一个企业没有信仰，也就失去了最基本的理性。一些不着调，不人性，不合适的做法和行为就一个接一个的出现了。这是一件很令人痛心的事情。其实，这个问题的答案很简单，我们现在的中国企业，应该为国家的强大和民族的发展做出其应有的贡献。

第三个问题的答案也是很明显的，企业应该真的有这样一个信仰。否则，就只能走向唯利是图的深渊。

夫人情莫不趣①名利、避损害。名利之路，在于是得②；损害之源，在于非失。故人无贤愚，皆欲使是得在己。能明己是，莫过同体③；是以偏才之人，交游进趋之类，皆亲爱同体而誉之，憎恶对反④而毁之，序异杂而不尚也⑤。推而论之，无他故焉；夫誉同体、毁对反，所以证彼非而著己是也。至于异杂之人，于彼无益，于己无害，则序而不尚。是故，同体之人，常患于过誉；及其名敌⑥，则愍（显）⑦能相下。是故，直者性奋，好人行直于人，而不能受人之讦；尽者⑧情露，好人行尽于人，而不能纳人之径⑨；务名者⑩乐人之进趋过人，而不能出陵己之后。是故，性同而才倾，则相援而相赖也；性同而势均，则

人物志

相竞而相害也；此又同体之变也。故或助直而毁直，或与明而毁明。而众人之察，不辨其律理，是嫌于体同也。

夫人所处异势，势有申压：富贵遂达，势之申也；贫贱穷匮，势之压也。

上才之人，能行人所不能行，是故，达有劳谦之称，穷有著明之节。

中才之人，则随世损益，是故，藉富贵则货财充于内，施惠周于外；见赡者求可称而誉之，见援者阐小美而大之，虽无异才，犹行成而名立。处贫贱则欲施而无财，欲援而无势，亲戚不能恤，朋友不见济，分义不复立，恩爱浸以离，怨望者并至，归非者日多；虽无罪尤，犹无故而废也。故世有侈俭，名由进退：天下皆富，则清贫者虽苦，必无委顿之忧，且有辞施之高，以获荣名之利；皆贫，则求假无所告，而有穷乏之患，且生鄙吝之讼。是故：钧才而进，有与之者，则体益而茂遂；私理卑抑，有累之者，则微降而稍退。而众人之观，不理其本，各指其所在，是疑于申压者也。

①趣：同趋，趋附。
②是得：优点得到正确的评价和肯定。
③同体：同类型的人。
④对反：相反类型的人。
⑤序：排列。异杂：与自己不同类型的人。尚：专崇。
⑥名敌：名声势均力敌。
⑦鲜（xiǎn）：少。相下：处于对方之下。

⑧尽者：性格外向的人。

⑨纳人之径：采纳别人的直言。

⑩务名者：追求功名的人。

陵：超越，凌犯。

律理：规律，道理。

嫌：疑惑。

遂达：成遂通达，此是亨通之意。

穷匮：穷困匮乏。

劳谦：勤谨谦虚。《易·谦》卦："劳谦，群子有终，吉。"

著明：标举光明。

赡（shàn）：赡养，供给生活所需。

小美：小的德行。

浸：渐渐。

罪尤：罪过。尤：过失。

侈俭：奢侈与贫俭。

辞施：拒绝别人的施舍。辞：谦让，不受。

假：通"借"。

体益茂遂：行为有益，美名顺遂。即成功。

私理卑抑：出于私心偏见加以压抑。

避开对自己有损害的，追逐名利，这也是人之常情。追求名利的路途，关键在于是不是能够正确地品评和肯定其长处；对其损害的根由在于，不能够正确地品评和看待自己的不足之处。所以，不管是贤明的人才还是愚钝的愚人，都希望自己的

人物志

优点，能够得到别人的正确品评和肯定。最能够深切地了解和看待自己优点的，没有比同一类型的人更深刻了。因此，那些具有偏才的人，不管是游览四方，还是在朝廷做官，都想和自己同一类型的人亲近，并能够得到彼此的称赞和理解，他们都厌恶那种和自己不是同一类型的人，并诋毁他们。对于那些既和自己不是同一类型的人，而其才能又和自己不相反的人才。他们只对其排列一个等级次序，并不去推崇和打压他们。

所以，我们可以得出一个结论，如果有其他的原因，赞扬和自己是同一类型的人才，诋毁那些与自己类型相反的人才，只是为了证明对方是错误的，而自己才是正确的。至于那种才能既和自己不同，但是其才能又不和自己形成对立的人才，对于对手没有什么益处，又对自己没有什么害处，也只是给他们排列一个等级次序，不去推举和崇拜他们。所以，对那种同一种类型的人才，他们因为常常过分的赞扬，所以导致双方的名声不相上下。到了这一种境况，双方又很少能相互忍让，甘居人之下的了。所以，对于那种性格正直的人，他们昂扬奋发，喜欢别人并能够正直地接受别人，但是他们却不去攻击别人。那种性格外向而又感情外露的人，他们喜欢别人并能够一心一意的待人，但是他们不接受别人的直言。那种热衷于功名的人，特别喜欢追求仕途的上进，但是他们不会甘心别人超越自己，而让自己居于人后。所以，那些本性相同，但是才能不一样的人，他们之间就会不停地竞争，相互陷害，这样又是同一种类型的人的变化。因此，有时候帮助正直的人，又是在毁坏一个正直的人；有时候赞赏一个明达的人，又是在毁坏一个明达的人。一般的人分辨不清楚这其中的微妙，正是因为他们是属于同一类型的人，由于不容易区别而带来了疑惑。

人与人所处的境况是不一样的，所以有的人受到了提拔，有的人受到了压制。富贵荣华，这是得势的人；贫贱穷困，这是不得志的人。凡是上等才能的人，他们能够做到常人无法做到的事情。所以，通达的时候，会获得许多美好的称誉，穷困的时候，又能显示出光明的气节。凡是中等才能的人，他们却随着时世的变化时而富贵时而穷困。所以，富贵得势的时候，财宝金银充实于内，恩惠施舍周全于外，凡是被其救助过的人，总是寻找可以赞扬的地方，去称赞他的美德；凡是被其援助过的人，总是寻找其小的德行加以夸张。这样的人虽然没有什么特别的才能，但是，仍能够做到功成名就，树立威望。那种身处贫困的人才，他们想去施舍给别人，却没有什么财富可能去用；想去援助别人却没有一点的权贵和势力；身边的亲戚不能去安慰和体恤；身边的朋友不能去接济和救助；名声和道义都没有办法建立起来；亲近的人渐渐地离他而去；责备怨恨的人一个一个地到来；非难归咎的人越来越多。这样的人才，虽然没有什么大的过错，但是还是因为现实的原因而被埋没。

所以，人世间有奢华与俭约的分别，人的名声也会随着奢华与俭约而有进有退。如果天下的人都富裕了，清贫的人虽然还在穷困，却没有了困顿的忧虑，而且其还有辞让不接受的高风亮节，从而获得享受荣誉的利益。如果天下的人都在贫乏，清贫的人就算是想去借贷，都找不到门路，从而使其有了穷困匮乏的忧患，并且产生了得失与计较的争执。所以，同样是具有才能的人，如果其在仕途中得到了提拔，他就会得到充分的发展。那些仕途上没有得到成功的人，又会有与其才能相反的行为。其受到别人私心和偏见的压抑,而得到不到应有的发展。普通人对人才的观察,不从其根源上着手,只是注意不同人才的现状,这是由于境况的升降而带来的困惑。

要有一个正确的思维模式

当我们面对一个新的问题时,首先要有一个全新的思维模式去应对它。比如:有一件事情,我们从来没有做过。当这一件事情摆在我们的面前的时候。不同的人,可能会有不同的反应。一种反应是:"这样的事情,我以前从来没有做过,对于我来说是一个新的领域,不过我还是很愿意挑战一下自己的,去试着做这件事,并尽可能把它做好。"第二种反应是:"这样的事情,我以前从来没有做过,对于这样的陌生领域,这还是不要去做了,万一做不好,可就得不偿失了。"其实这就是一个思维模式的问题。

这正如一个故事所说的:一个制鞋的公司,派出两个营销人员到一个岛上去做考察。一个人的结论是,这个岛上的人都不穿鞋,所以没有市场。而另一人的结论正好相反,这个岛上的人都不穿鞋,所以这是一个开拓市场的好机会。前者的思维模式是一种静止的,而后者却是一种发散型的思维模式。所以一个人要想有所建树,先转变思维模式,是很关键的。想成为真正的人才,就从思维模式的转变开始。

夫清雅之美,着乎形质,察之寡失;失缪之由,恒在二尤[①]。

人物志

二尤之生，与物异列：故尤妙之人，含精于内，外无饰姿；尤虚之人，硕言瑰姿②，内实乖反。而人之求奇，不可以精微测其玄机③，明其异希④。或以貌少⑤为不足，或以瑰姿为巨伟，或以直露为虚华，或以巧饬⑥为真实。是以早拔多误，不如顺次；夫顺次，常度也。苟不察其实，亦焉往而不失。故遗贤而贤有济，则恨在不早拔；拔奇而奇有败，则患在不素别⑦；任意而独缪，则悔在不广问；广问而误己，则怨己不自信。是以骥子⑧发足，众士乃误；韩信立功，淮阴⑨乃震。夫岂恶奇而好疑哉？乃尤物⑩不世见，而奇逸美异也。是以张良体弱而精强，为众智之隽也；荆叔色平而神勇，为众勇之杰也。然则，隽杰者，众人之尤也；圣人者，众尤之尤也。其尤弥出者，其道弥远。故一国之隽，于州为辈⑬，未得为第也；一州之第，于天下根；天下之根，世有优劣。是故，众人之所贵，各贵其出己之尤，而不贵尤之所尤。是故，众人之明，能知辈士之数，而不能知第目之度；辈士之明，能知第目之度，不能识出尤之良也；出尤之人，能知圣人之教，不能究之入室之奥也。由是论之，人物之理妙，不可得而穷已。

①二尤：尤妙、尤虚两种人。
②硕言瑰姿：浮夸之言辞，美丽之容貌。
③玄机：深奥神妙的义理。
④明其异希：明确其奇妙特异之处。
⑤少：不足，欠缺。
⑥巧饬（chì）：虚伪，巧伪。

人物志

⑦素别：预先鉴别。素：平素，往常，预先。

⑧骥子：良马。比喻有才能的人。

⑨淮阴：韩信的故乡，在今江苏省清江市。韩信立功受封，家乡人才感到吃惊。

⑩尤物：特出的人物。

荆叔：即荆轲，战国卫人，又称荆卿，名庆卿，为燕太子丹门客。受命至秦刺秦皇，未果被杀。

辈：等第，类比。

第：次序。此指品第，即评论并分别列人才第次。又叫第目。

椳（wēi）：门臼，即枢。

第目之度：排列名次的标准。第目：品第，品目。

入室之奥：指学问技艺的成就达到精深的程度。又指能得到学问或技艺的精奥。《论语·先进》："子曰：由也升堂矣，未入于室也。"

那种清洁高雅之美，其展现出来的形态和气质，在我们观察的时候，很少会出现什么失误的地方。如果说有失误的话，那通常是在观察尤妙和尤虚两类人的时候。尤妙和尤虚的出现，和一般人的表现不一样。尤妙的人，其精华涵蕴都隐藏于内，表面上却没有一点的装饰。尤虚的人，表面上语言浮夸摆弄姿态，内心却与实际正好相反。人们要想找到真正的奇才，就一定要以精深入微的眼光，去明察其中深奥玄妙的事理，识别其独到的地方。但是，有的人以外表不美为不足；有的人以容貌美丽为巨伟；有的人以直率坦诚为虚华；有的人以巧装虚假为真实。因此，对于一个人才，过早的举荐，大多数情况下都会出现失误，还是顺其自然的为好，按照其实际情况提升才是正常的境况。

如果不把一个人的本质考察清楚，怎么能够确保其所举荐的人才是不是有缺失呢？因此，在推举过程中被遗漏的人才，最后得到重新推举，就会怨恨为什么不早点推举；推举奇才而最终奇才遭遇失败，就会报怨为什么不能预先识别出来；按照自己的想法一意孤行，失败后就会后悔，为什么不广征博问；当其去广征博问的时候，却把最好的时机耽误了，于是就会报怨为什么不对自己多一点信心呢？

因此，当有才能的人去奋力做一件事情的时候，普通人就会产生各种各样的误解。当韩信建立大功，而被封为淮阴侯的时候，乡亲们才对其大为惊讶！这难道是人们厌恶有奇才的人，而容易对他们产生怀疑吗？不是的，这是因为特殊人才，在人世间是罕见的，毕竟那些身怀大才的人和一般的人是不同的。所以，张良虽然体质十分的柔弱，但是他的聪明才智，却成为许多智者的模范；荆轲虽然面色平和，可是他的精神却成为勇士中的楷模。所以，有才能的杰出人才，是一般人中独立不凡的人物，而圣人又是不凡人物中的不凡人物。其才能越是突出，他的境界就会越深远。

所以，一个郡国里才能出众的人，只是一个州里的同辈之士，还没有上到人才的档次。一个州里面已经入等级的人才，在不同的世事境况下，其也会有不同的际遇。所以，一般人重视的，是那些比自己才能高的人才。而不重视那些有特殊才能的人。所以，一般聪明的人才，只能知道同辈中比较突出的人才，而不知道郡国选人才能的标准所在。那同辈中出众而聪明的人才，只是知道郡国中排列人才的法则，却不知道识别特殊人才的优劣。对于那种特别的人才，他们能够明晓圣人的主张和教化，却不能解释学问或者思想中的精奥。从这里可以看出，对于人物品评的道理，其中有许多微妙是不可得的，更是没有穷尽的。

温文尔雅的于悰

驸马于悰刚刚署理盐铁使，就不断有消息传出，说他可能做宰辅。当时，路岩把持着朝廷的重要大权，他与驸马不和，但他却和擅长给人相面的隐士丁重是很好的朋友。有一天，丁重来到路岩在新昌自己置买的府第上，正巧遇到了驸马于悰也来这儿。路岩对丁重说："于驸马我们是朋友。你在门帘里面仔细看看他的面相，最终能不能做宰相？"于是，路岩让家人摆下酒饭，留于悰在这儿饮酒吃饭，盘桓了一段时间。

于悰走后，路岩问丁重："你给他看了面相后，觉得怎么样？"丁重说："肯定会做宰相的。而且，就在一个月之内。"路岩笑着说："听说是皇上的贵戚，还是任他的盐铁使吧！"丁重说："不是这样的。我问您，于驸马承受当今皇上的恩惠，照比宣宗皇帝在位时的驸马都尉郑颢如何？"路岩说："又怎么可以相比呢？"丁重说："郑都尉被宣宗皇帝注意很长时间了，但是最后竟然没有做成宰相。难道世上的事情是可以任人随意摆布的吗？我本来不熟悉于侍郎，今天看见他，细观他的气色与血相，果真是贵人啊。再看他仪容端正，风度秀逸，举止恭谨、

人物志

谦和、温文尔雅。就像能盛一百斛的巨大容器，现在还空着一半，怎么能让他不再升迁呢？如果超过一个月他还进入不了朝中执掌重任，我再也不登您的门槛了。"路岩说："丁先生的这些话，可谓是说远了吧。"

过了十天，于惊果然登上宰相的重位。这以后，路岩每看到朝中的贤士，都大加称赏丁重，从此丁重的声名惊动了京城，许多乘车的、骑马的人都纷纷来求见他，凡是丁重所说的话，全都应验。后来，丁重在终南山定居下来，但一些好事的还到他那里去请求他相命求福。

第十二章 救難

人物志

盖知人之效①有二难：有难知之难，有知之无由得效之难。何谓难知之难？人物精微，能神而明，其道甚难，固难知之难也。是以众人之察，不能尽备②；故各自立度，以相观采：或相其形容，或候其动作，或揆③其终始，或揆其拟象④，或推其细微，或恐其过误，或循其所言，或稽⑤其得事。八者游杂⑥，故其得者少，所失者多。是故，必有草创信形⑦之误，又有居止变化之谬；故其接遇观人也，随行信名，失其中情。

故浅美⑧扬露，则以为有异。深明沉漠⑨，则以为空虚。分别妙理⑩，则以为离娄⑫。口传甲乙，则以为义理。好说是非，则以为臧否。讲目成名，则以为人物。平道政事，则以为国体。犹听有声之类，名随其音。夫名非实，用之不效；故曰，名犹口进，而实从事退。中情之人，名不副实，用之有效；故名由众退，而实从事章。此草创之常失也。故必待居止，然后识之。故居视其所安，达视其所举，富视其所与，穷视其所为，贫视其所取。然后乃能知贤否。

①效：呈献。此指推荐。
②尽备：全面把握。
③揆：测试。
④拟象：比拟，模拟。拟作拟。
⑤稽：考核。
⑥游杂：混杂而无一定标准。
⑦草创信形：初步接触，信其外表。

⑧浅美：肤浅的才能。

⑨深明沉漠：深沉睿智，沉默寡言。

⑩妙理：精妙的理论。

离娄：人名，又作离朱。古之明目者，据说能视于百步之外，见秋毫之末。

甲乙：等第，次序。

义理：研究经义，探求名理的学问。

讲目成名：讲评第目，排列名次。

名犹口进：名声随着口头流传而显扬。犹：同"由"。

中情：内心的思想感情，此指内有才能外表不显。

草创：凡事初设均称草创。此指最初接触。

　　了解人才的效验有两点困难：其一是难于了解人的难处；其二是了解却没有办法举荐。那么，什么是难于了解人的难处呢？一个人的内心深处是什么微妙的，能够做到了解其心性和神明，是一件十分困难的事情。知晓一个人的内心，本来就不是一件容易的事情，因此，一般人对其观察，都不是一种全面的把握。于是，人们都按照自己的标准，来进行判断其是否是一个有才能的人。有的人观察其外在面貌形态；有的人观望其行为动作；有的人研究其情绪流露；有的人注意其过失错误；有的人关注其言语评论；有的人考核其做事效率。上面这八种情况，没有一个固定的准则，所以，也很少能得出一个正确的结论。所以，在初次和其接触的时候，由于注意其外表而犯下了错误，再加上意志和兴趣的变化失误。所以接触和观察一个

人物志

人,根据其行为或者是轻信其名声,常常不能真正了解一个人。

所以,看到其流露在外的才能,就认为其才能出众。深沉睿智而又沉默寡言,就认为他没有一点才能。分辨识别精妙的事理,就认为其有犀利的眼光。嘴里说出道理的次序,就认为其经义明理。喜爱评论是非,就认为其能辨别善恶。评论品目名分,就认为其能辨人识物。妄谈国家政事,就认为其是治国之才。上面这几种情况,就好像是听到事物的名称,就给其定一个名字一样。名声和他的实际才能不相契合,名声也就失去了其真正的作用。所以,其名声在人们之间口口相传,可是实际的情况却从现实中被抹去了。那种真正有才能的人,其外表显示不出来,所以其名声和其才能就不是一致的,选用这样的人才,对国家是有好处的。所以,那种没有太大名声的人才,其实际的才能却从其做的事情中反映出来。这是过早下结论所常常有的失误。所以,要先知晓其平日的志向和其兴趣爱好，而后再去识别他。所以，当其安顿时，看他做什么；当其发达后，看他推举什么人；当其富贵时，看他施予什么人；当其穷困时，看他的所作所为；当其贫贱时，看他怎么对待财物。这样就知道他是不是一个贤能的人。

少年英武的朱棣

朱棣年少英武，身姿俊拔、目光安详沉稳、敏锐犀利、锋芒外露。从小便有大志，并常现象出与人不一样之处。即位之初，朱棣就对洪武、建文两朝政策进行改革，提出"为治之道在宽猛适中"的原则。他利用科举制及编修书籍等笼络地主知识分子，积极宣扬儒家思想以纯化社会风气改变了明初嗜佛之风。他改革官宦制度，重视和发挥监察机构作用，设立分遣御史巡行天下的制度，鼓励官吏互相告讦，利用宦官出使、专征、监军、分镇、刺臣民隐事，设置镇守内臣和东厂衙门，强化了君主专制统治。在选择官吏时他能做到量才度能、因才施用，为当时政治、经济、军事、文化等方面的发展奠定了思想和组织基础。

朱棣在确保封建中央集权统治牢固的基础上，大力促使经济的恢复与发展。他认为"家给人足"、"斯民小康"是天下大治的根本。在这个思想的指导下，他大力发展和完善军事屯田制度和盐商开中条例，保证军粮和边饷的供给。中原各地垦种荒闲田土也得到了大量垦荒。总体上确保了国家的粮食供应。同时，朱棣在位期间，加强对外交流，从而扩大明朝的影响。

人物志

　　此又已试，非始相也①。所以知质未足以知其略，且天下之人，不可得皆与游处。或志趣变易，随物而化；或未至而悬欲②，或已至而易顾③，或穷约而力行，或得志而从④欲；此又居止之所失也。由是论之，能两得其要，是难知之难。

　　何谓无由得效之难？上才已莫知，或所识者在幼贱之中，未达而丧；或所识者，未拔而先没；或曲高和寡，唱不见赞⑤；或身卑力微，言不见亮⑥；或器非时好，不见信贵⑦；或不在其位，无由得拔；或在其位，以⑧有所屈迫。是以良才识真，万不一遇也；须识真在位识，百不一有也；以位势值⑨可荐致之宜⑩，十不一合也。或明足识真，有所妨夺，不欲贡荐；或好贡荐，而不能识真。是故，知与不知，相与分乱于总猥之中；实知者患于不得达效，不知者亦自以为未识。所谓无由得效之难也。故曰：知人之效有二难。

①已试：已做过考察。始相：最初的印象。

②悬欲：未作决定，犹豫不决。

③易顾：改变方向。

④从：通"纵"。

⑤唱：通"倡"，倡导，长声高呼。赞：赞美颂扬。

⑥亮：辅助。

⑦信贵：信任、重视。

⑧以：而。

⑨值：相当。

⑩宜：大概，应当。

贡荐：荐举。

猥：杂滥。

这是通过考察得到的结果，而不是凭最初的印象而得出来的。所以，知道了其素质的不同之处，还不能知道其谋略，而且天下的人，不可能都和其同游共处。有的志向和兴趣发生了改变，这是为了环境保持一致。有的还没有一个定型，还处在一种不决的状况中。有的虽然有所选择，但是其方向却发生了改变。有的虽然穷困潦倒，但是仍在不断努力。有的虽然得到举荐，却一味的纵欲骄奢。这几种情况，只通过观察志向兴趣，是有可遗失的地方。所以，一方面知道常情，另一方面又知道变通，得到这两个方面的要领，是比知人还要困难的。

那么，什么是不能得到举荐的难处呢？对于有才能的人，都识别不了。有的人所了解的人才，在少年或者贫困的时候，还没有发达就已经丧命。有的人所了解的人才，还没有被选拔，就先死去了；有的人的所了解的人才，其高志吟唱，却没有机会去颂扬。有的人所了解的人才，其身世卑微，力量单薄不为人们所理解。有的人所了解的人才，其与当前的时尚不相符，因此得不到人们的信任。有的人了解人才，但是其不在官位，想举荐但是没有办法。有的人了解人才，也在朝廷做官，但是他的势力不被重视，想举荐也没有一个合适的理由。因此，那些真正有良才的人，能够遇到了解他的知音，这种情况是很少有的。那种能识别人才，而且又身处官位的人，百个之中不曾

有一个。

那种有权位势力，而又能举荐成功的，十个之中大概还不到一个。有些人，其能够识别真正的人才，可是由于其个人的原因，而不去举荐人才。有些人喜爱推举人才，但是不能识别真正的人才。所以，知人和不知人间杂在一起，以至选用人才还是不用人才，都处在一种间杂的状况。那些了解人才的人，他们担心举荐不能够成功。那些不了解人才的人，他们认为没有遇到他们所认为的人才。这就是所说的，不能够达到举荐的困难。所以说，了解人才而又有效验，是种困难。

萧何荐曹参

汉惠帝即位第二年，年老的相国萧何病重。汉惠帝亲自去探望他，还问他将来谁来接替他合适。萧何不愿意表示意见，只说："谁还能像陛下那样了解臣下呢？"汉惠帝问他："你看曹参怎么样？"萧何知道曹参秉性沉稳宁静、见微知著、胆识过人、忠诚大度、博古通今，是难得的治国人才。所以说："陛下的主意错不了。有曹参接替，我死了也安心了。"

萧何一死，汉惠帝马上命令曹参进长安，接替做相国。

由于那时候国家正是长期战争的动乱之后，百姓需要安定，宜选用薄徭轻役、休息养民的政策。于是，他判读天下大势之后使用无为之治的治国思想和策略。这对国家形势的正确判读和策略的选用，不但医治了战争创伤、没有给百姓增加更多的负担，而且促进了经济的发展，促进了"昭宣中兴"开启。因此，当时有人编了歌谣称赞萧何和曹参。历史上把这件事称为"萧规曹随"。

　　阅人无数的智者通过长期的实践与品评总结出读人、选人宜从相、貌、气、血的深入判断和解读，能够象手术刀一样层层地剖析，最终剥离出人的品性与才能，并据此量才授能，如此才能保证我们事业蓬勃发展的无往不胜。

第十三章

释争

人物志

盖善以不伐①为大，贤以自矜②为损。是故，舜让于德而显义登③闻，汤降不迟④，而圣敬日跻⑤；郤至上人而抑下滋甚⑥，王叔⑦好争而终于出奔。然则卑让降下者，茂进之遂路⑧也；矜奋侵陵者，毁塞之险途也。

是以君子举不敢越仪准，志不敢凌轨等⑨；内勤己以自济，外谦让以敬惧。是以怨难不在于身，而荣福通于长久也。彼小人则不然，矜功伐能，好以陵人；是以在前者人害之，有功者人毁之，毁败者人幸之。是故，并辔⑩争先，而不能相夺，两顿俱折，而为后者所趋。由是论之，争让之途，其别明矣。

然好胜之人，犹谓不然，以在前为速锐，以处后为留滞，以下众为卑屈，以躐等为异杰，以让敌为迴辱，以陵上为高厉。是故，抗奋遂往，不能自反也。夫以抗遇贤，必见逊下；以抗遇暴，必构敌难。敌难既构，则是非之理必溷而难明；溷而难明则其与自毁何以异哉？且人之毁己，皆发怨憾，而变生衅也：必依托于事，饰成端末；其余听者，虽不尽信，犹半以为然也。己之校报，亦又如之。终其所归，亦各有半信着于远近也。然则，交气疾争者，为易口而自毁也；并辞竞说者，为贷手以自殴；为惑缪岂不甚哉？

①伐：夸耀。
②自矜：犹自夸。
③登：立时，即刻。
④不迟：不敢松懈怠慢。

⑤跻（jī）：登，上升。

⑥郤至：即郤至，春秋晋景公时为温大夫，又称温季。上人：企图压倒别人。

⑦王叔：出自姬姓。周桓王季父王子虎为太宰。谥文，赐姓曰王叔氏。或说东周卿士，曾把持东周国政，后奔晋。

⑧遂路：通达的道路。

⑨仪准、轨等：均指法则、法度、次序，合称轨仪。

⑩并辔：并驾，并驱。辔：马缰。

顿：即时，顿时。

下众：居众人之下。

蹑等：踩着同辈往上爬。

迴：同回，屈也。

⑯抗：高。

构：构成。

衅：嫌隙，争端。

端末：始末。

校报：采取同样的手段报复。校：同效，效法。

交气：斗气。

易：变换。

贷：借。

【译文】

善良以不自己夸自己为大，贤明却因为自矜而受到损害。所以，舜把首领的位置让给有才德的人，其彰显大义而很快闻名。商汤招贤纳士一点也不迟缓，其圣明贤达受到人们极大的

人物志

颂扬。和这些不同的是，郄至图谋压榨别人，却使其结局十分可悲，王叔爱好争执，却最终出奔。所以，那些卑让而谦恭处于人下的人，是通过其美名而达到了成功的道路；那些自矜奋进侵犯欺凌别人的人，是其名声行为将其带上了毁败的道路。

因此，君子的行为不敢越过礼仪准则，志向不敢凌犯出轨；自己勤于修身不断勉力，对外谦让，以显示敬畏恐惧。因此，怒恨非难不能牵惹其身上，而保证其福祥通达的长久。而那些个小人却不是这样，他们自认为自己有功，自己有才能，因此去欺负别人。因此，当小人得势的时候，有人去暗害他；当他居功自傲时，有人去诋毁他；当他失败灭亡的时候，有人感到幸运。所以，并驾齐驱争先恐后，而没有分出一个上下，以致双方都受到摧折，机会就被后来的抓住，乘虚超过。从这里可以得出结论，争执和谦让的道路，其利与弊也就很明白了。

可是，那些争强好胜的人却不以为然。他们以在居于人上为迅捷精锐；他们以居于人后为滞留不前；他们以礼让下士为卑躬屈膝；他们以压迫同辈为特异杰出；他们以忍让敌手为含冤受屈；他们以凌犯上级为高强刚厉。所以，亢奋激进而最终不能够迷途知返。用傲慢的态度对待贤才，必然会见到贤才的恭顺谦逊；用高强的态度对待暴力，必然会构成灾祸。既然已经构成敌对，那么是非的道理也会变得清楚，这和自我毁灭又有什么不一样呢？而且，别人要毁灭自己的原因，都是因为要发泄心中的私怨而引起的争端，所以一定会寻找借口造成事端。那些听到的人们，不能完全相信，但是他们会将信将疑。自己用同样的办法去报复对方，也和其是一样的。其最终结果只能是各自相信一半，其相信的程度取决于其听到和看到的，和实际情况之间的远近距离。所以，那些相互激烈争执的人，只不过是用别人的嘴来伤害自己；彼此对骂，甚至打架斗殴的，只不过是用别人的手来殴打自己；如果这样的话，迷惑不是更厉害了吗？

韬晦方可保身

魏武帝曹操将要接见匈奴的使节。他自认为相貌丑陋，不能对远方国家显示出自己的威严，便叫崔季珪代替，自己却握着刀站在崔季珪的坐床边。

接见后，曹操派密探去问匈奴使节说："你看魏王怎么样？"匈奴使节回答说："魏王的崇高威望非同一般，可是床边握刀的人，这才是英雄啊。曹操听说后，趁使节谓回到自己的国家，派人追去，在路上截杀了使节。

可以说，在中国五千年演进的漫漫时光长河中留下声音的人都是非同凡响的人。这样的人如同玉璞，温润有节、内涵深刻、气宇超凡。曹操就是伪装成侍从这些内在的沉淀物依然能够通过仪表折射出来，慢慢地释放出这种信息。而这个使节也实在是个不简单的人物，他似乎只比曹操少了一层功力——藏。藏住自己了也就保住性命了。

然原其所由，岂有躬自厚责以致变讼[①]者乎？皆由内恕不足，外望不已：或怨彼轻我，或疾彼胜己。夫我薄而彼轻之，

则由我曲②而彼直也；我贤而彼不知，则见轻非我咎③也。若彼贤而处我前，则我德之未至也；若德钧而彼先我，则我德之近次也。夫何怨哉！

且两贤未别，则能让者为隽矣；争隽未别，则用力者为惫④矣。是故，蔺相如以回车决胜于廉颇⑤，寇恂以不斗取贤于贾复⑥。物势之反，乃君子所谓道也。是故，君子知屈之可以为伸，故含辱而不辞；知卑让之可以胜敌，故下之而不疑。及其终极，乃转祸而为福，屈雠而为友；使怨雠不延于后嗣⑦，而美名宣于无穷；君子之道，岂不裕乎！

且君子能受纤微之小嫌，故无变斗之大讼；小人不能忍小忿之故，终有赫赫⑧之败辱。怨在微而下之，犹可以为谦德也；变在萌而争之，则祸成而不救矣。是故，陈余以张耳之变，卒受离身之害⑨；彭宠以朱浮之隙，终有覆亡之祸⑩。祸福之机，可不慎哉！

①变讼：突发争辩。

②曲：理亏。

③咎：过失，罪过。

④惫：旧读（bài），疲乏，困顿。

⑤蔺相如：战国时赵国上卿。曾在完璧归赵与渑池会上斗秦有功，位在廉颇之上。廉颇自以为功高，欲于众前辱之。相如以国家为重，再三回避。廉颇：战国时赵国大将，屡立战功，拜为上卿。

⑥寇恂：字子翼，上谷昌平人，辅助东汉光武帝定天下。

封雍奴侯，邑万户。贾复部将杀人，蔺捕系狱并戮焉，以蔺相如自勉，不欲与之相见。贾复，字君文，南阳冠军人。光武名将。光武即位，累功封胶东侯。

⑦后嗣：后代，后世。

⑧赫赫：显赫，盛大貌。

⑨陈馀：秦末大梁人。初与张耳同投陈胜起义军，后张耳降汉，陈馀被张耳韩信军击杀。张耳，大梁人，曾与陈馀为刎颈之交。

⑩彭宠：东汉初南阳宛人，字伯通。光武封为建忠侯，赐号大将军。与朱浮有隙，举兵攻朱浮，后为手下人所杀。朱浮：东汉初沛国萧人，字叔远，与彭宠不相得，数谮构之。

可是，查看其根本的所在，难道有自己责备自己，而引起的争端吗？争端之所以会有，都是其内心不宽容而对别人苛求；或者是怨恨别人蔑视自己，或者是嫉妒别人超过自己。如果我不是一个厚道的人，而对方看不起我，那就是我没有理，而别人有道理；如果我是一个贤才而别人不知道，那么我被别人轻视，这不是我的过错。如果别人的才能在我之前，那说明我的才能还有欠缺；如果双方的才能和品德均等，但是别人位置居于我之上，那说明我的修养还没有达到别人的高度。这又有什么可以怨恨的呢？

如果两个贤德的人，其才能不相上下，还没有分出一个优劣，那就应该以谦让的那一方为优。都想突出自己的才能，但是又分不出一个高低，那就应该以用力过多的一方为次。所以，蔺

人物志

相如看到廉颇的车就回避，这说明蔺相如的才德比廉颇高；寇恂不和贾复争斗，这说明寇恂的才德比贾复高。观察并选取形势的反面，这就是有德行有修养的人的"道"。所以，君子知道受屈就可以取得成功，因而即使受了委屈也不去回避；知道谦卑礼让可以战胜敌人，因而即使居于人下也不去怀疑。到了最后，灾难就会转变成福气，让别人屈服自己而最终成为朋友，不至于将仇恨传到下一代人身上，而其美好的名声也就得到了传扬。其德行难道不是宽宏的吗？

且真正有才德的人，可以承受小的矛盾，所以相互之间才不会有大的争斗。那些见识浅薄的人，因为不能忍受小的怨恨，而最终却招来了大的失败和侮辱。当仇恨处在初级阶段的时候，用谦让的态度对待，其仍然可以说是一种美德；当矛盾还处在萌芽状态的时候，就各自的争强好胜，其最终就会造成灾难而不能够挽救。所以，陈馀因为张耳的变故，而最终遭来了杀身之祸。彭宠因为和朱浮有矛盾，最终招来了灭亡之祸。祸与福的变化的关键，不能不谨慎啊！

人物志

品德高尚的季礼

春秋时期，吴国公子季礼，学识伟博，言辞有礼、进退有度、交接有节、品德高尚，谦虚恭让，礼贤下士，举国上下都公认的美德兼具之人，大家都很敬佩他。甚至他的名气在诸侯国中也很响亮。

有一次，季礼代表吴国出使齐、鲁等国，顺道去拜访当地的名士徐君。徐君非常喜欢季礼的佩剑，表现出了特别的兴趣。季礼本想把佩剑立即送给徐君，但因为出使别国佩剑是不可以缺少的一种礼节，于是季礼就暗暗决定回来时再送给他。

当他再回来，徐君已经去世了。季礼很悲痛，到徐君墓前叩拜，解下佩剑挂到墓前的树上去。随从问他，徐君已经去世，何苦如此？季礼说，我既然已打算送给他，怎么能随便改变自己的诺言呢？如果只因为他已不在人世我就不履行诺言，与出尔反尔的小人有什么区别呢？

除了品德高尚、信守诺言外，季礼的政治、外交才能也很高，连齐国晏婴、郑子产等历史上有名的政治家都很欣赏他的才干。实在只是因为他身居高位保持优秀品德更难，人们更关注他们的德性，而将他们的才能放在其次。

是故，君子之求胜也，以推让为利锐，以自修为棚橹[①]；静则闭嘿泯之玄门[②]，动则由恭顺之通路。是以战胜而争不形，

敌服而怨不构。若然者,悔吝③不存于声色,夫何显争④之有哉?彼显争者,必自以为贤人,而人以为险诐⑤者。实无险德,则无可毁之义。若信有险德,又何可与讼乎?险而与之讼,是柙兕而撄虎⑥,其可乎?怒而害人,亦必矣!《易》曰:"险而违者,讼。讼必有众起。"《老子》曰:"夫惟不争,故天下莫能与之争。"是故,君子以争途之不可由也。

是以越俗乘高⑦,独行于三等之上。何谓三等?大无功而自矜,一等;有功而伐之,二等;功大而不伐,三等。愚而好胜,一等;贤而尚人,二等;贤而能让,三等。缓己急人,一等;急己急人,二等;急己宽人,三等。

凡此数者,皆道之奇、物之变也。三变而后得之,故人莫能远也。夫唯知道通变者,然后能处之。是故,孟之反以不伐获圣人之誉⑧,管叔⑨以辞赏受嘉重之赐;夫岂诡遇⑩以求之哉?乃纯德自然之所合也。

彼君子知自损之为益,故功一而美二;小人不知自益之为损,故一伐而并失。由此论之,则不伐者伐之也,不争者争之也;让敌者胜之也,下众者上之也。君子诚能睹争途之名险,独乘高于玄路,则光晖焕而日新,德声伦于古人矣。

①棚橹:指蔽身场所。棚:用竹木搭成的篷架或小屋。橹:顶部没有覆盖的望楼。

②嘿泯:犹泯默,闭口不说,寂然不言。嘿,同默。玄门:指高深的境界。

③悔吝：悔恨。

④显争：大争执。

⑤险诐（bì）：邪谄不正。

⑥狎（xiá）兕（sì）：关押犀牛。狎：关野兽的笼子。兕：雌的犀牛。撄（yīng）：触犯，扰乱。

⑦越俗乘高：超越俗乱。

⑧孟之反：春秋时鲁国大夫。字反，名侧。哀公十一年，鲁与齐战，鲁师败还，孟之反在最后抵御追敌，不矜夸自己的功劳。《论语·雍也》："子曰：孟之反不伐，奔而殿，将入门策其马，曰：非敢后也，马不进也。"

⑨管叔：周文王三子，周成王之叔。武王克商，封于管。后与蔡叔挟武庚以作乱，为周公所诛。史传无辞赏之事，此不明所指。

⑩诡遇：此指以不正当手段获得名利地位。

玄路：玄远之路。

所以，君子之求胜利，是以推辞礼让作为其锐利的武器，

以修身养性作为其蔽身的场所；其静止的时候则显示出一种沉默不言的境界。其行动的时候，则沿着一条恭顺的通达道路。所以，战胜对手却不用有形的争斗，让敌人服从自己却并不构成仇恨。要是这样的话，悔恨不留在外表之上，那还会有什么争端呢？那些有争执的所谓的人才，其一定自认为自己是贤人，但是，别人却把他们看作是邪诡的人。如果他们不是邪诡的人，那么别人也就没有必要诋毁。如果其确实有险恶的德行，又有什么必要和他们去争辩呢？知道他们是邪恶的，还去和他们争辩，这就等于去关押犀牛和去扰乱老虎，这样做难道可以吗？因为其发怒而去迫害别人，也是必然的。《周易》说："险而违者讼，讼必有众起。"《老子》说："夫惟不争，故天下莫能与之争"。所以君子认为有争执的，一定不能去遵从。

所以，君子超出一般的人，独立行走在三等人之上。那么，什么是三等呢？没有什么大的功劳，却自认为有功的人，是第一等。虽然有些功劳，却骄傲自夸的，是第二等。功绩虽大，却没有自知之明的，是第三等。愚蠢而且好胜的，是第一等。贤明却自矜的，是第二等。贤明而又能谦让的，是第三等。对自己宽容对别人严厉的，是第一等。对自己严厉，对别人也严厉的，是第二等。对自己严厉对别人宽容的，是第三等。

凡是这几种，都是学道的奇异，事物的变异。三变之后得到事理，所以，一般人是得不到的。只有那些通晓客观规律，知道变通道理的人，才能处于上面的位置。所以，孟之反因为不自夸而得到了圣人的赞扬，管叔因为推让赏赐而受到嘉奖。这些难道是能靠诡情投合得到的吗？这些是通过纯粹的美德与自然相结合得到的。

那种有才德的人,他们知道自己先吃亏,而后实际是有益的,所以功效虽然只有一分,但是声誉却得到了两分。那种见识肤浅的人,他们不知道自己先占便宜,而后实际上是要受损失的,所以一经过自我夸奖,其功劳和名誉也就随之消失。从这里我们可看出,不去炫耀自己功劳的人,实际上是有功劳的;不去争夺名利的,实际上是有名誉的;那种忍让对手的,实际上是战胜了对手;那种甘居于人下的,实际上是居于人上的。君子如果能认识清楚争执途中的险恶,独自到达一种玄妙的境界,那么其荣耀也就会一天天更新,其仁德也就会比圣贤还有名声。

周玄豹识人名声大振

后唐人周玄豹,燕国人,年轻时曾做过和尚。他的师父有预知人未来的能力,他跟随师父云游四方十年,不怕辛苦、人也聪明机灵,于是师父把识别人的秘诀传授给他。

后来周玄豹还俗回到家乡。道士卢程,与志同道合的二位朋友一同去拜访周玄豹。周玄豹离开三人,就对周围人说:"刚才来看我的那三个人中的其中两位,黑气凝头,色相灰白,在明年花开时节,都会相继死去做鬼。而那位道士,以后能显贵。"

第二年,周玄豹说的那两人果然都相继离世了。而卢道士也真的被选拔担任了官职,后来回到晋阳。

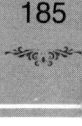

从此周玄豹名声大振，周围的人都来找他看相，甚至官府也常有贵客前往周宅询问自己的仕途命运。

人的不同遭遇、不同的身体状况，会引发不同的精神面貌并呈现出不同的面目特征，这确实有其内在的科学依据。检索和整理这些经验并高度提炼，最后形成规律。依据这些规律去推测和判断一个人的前程，那就八九不离十。